글·그림 **마이크 로워리**

어릴 적엔 책에 그림을 그리다 자주 혼이 났지만 이제는 그 일로 먹고살며, 수십 권의 책을 만든 작가이다.
그린 책으로는 〈키드 스파이〉 시리즈, 《대중교통 타고 북적북적 도시 탐험》, 《진짜 멋진 남자가 되는 법》,
《엄마는 우리 반 말썽쟁이》 등이 있으며, 쓰고 그린 책으로는 《아찔하게 귀엽고 엉뚱하게 재미있는 공룡 도감》 등이 있다.
지금은 미국 조지아주 애틀랜타에서 아내와 두 딸과 함께 살고 있다. (인스타그램 아이디: mikelowerystudio)

옮김 **조은영**

어려운 과학책은 쉽게, 쉬운 과학책은 재미있게 옮기려는 과학 도서 전문 번역가이다. 서울대학교 생물학과를 졸업하고
서울대학교 천연물과학대학원과 미국 조지아대학교 식물학과에서 석사 학위를 받았다. 옮긴 책으로 《인체 탐험 보고서》,
《랜들 먼로의 친절한 과학 그림책》, 《나무의 세계》, 《이토록 멋진 곤충》, 《웃기지만 진지한 초간단 과학 실험 70》, 《식물의 세계》,
《우리가 지켜 줄게》와 〈영국 자연사 박물관의 애니멀 타임스〉 시리즈 등이 있다.

감수 **김웅서**

서울대학교에서 생물교육학과 해양학을 공부하고 같은 학교 대학원에서 해양생물학을 공부했으며,
미국 뉴욕주립대학교에서 해양생태학으로 이학박사 학위를 받았다. 현재 한국해양과학기술원 원장으로 재직 중이며,
한국해양학회 회장을 역임하였다. 심해 유인 잠수정을 타고 태평양 수심 5,000미터가 넘는 바닥까지 탐사했다.
지은 책으로는 《깊고 넓은 바다가 궁금해》, 《플랑크톤도 궁금해 하는 바다 상식》 등이 있으며,
번역한 책으로는 《아름다운 바다》, 《바다의 비밀》 등이 있다.

별별 상어와 동물들의 판타스틱 바다 생활

마이크 로워리 글·그림 | 조은영 옮김
김웅서 감수 (한국해양과학기술원 원장)

시공주니어

"안녕!"

친구들, 안녕!

내 이름은 마이크 로워리야.

우리 친구들한테 뭘 좀 보여 주고 싶은데 말이지.

내가 **상어**에 관한 **아주 재미있는 책**을

썼거든!(너희들이 지금 읽고 있는 이 책!) 이 책에는

상어에 대한 온갖 정보, 믿을 수 없는 사실,

배꼽 잡는 농담들이 가득해. 상어의 엄청난 매력에

일단 **낚이면** 헤어 나오기 어려울 거야!

왜 하필 상어냐고? 나한테는 세상에서 상어가

제일 멋지고 흥미진진한 동물이거든.

하지만 바닷속에는 상어 말고도 놀라운 동물들이 아주 많아.

"낚는다고? 그렇게 심한 말을!"

이 책에서 만나게 될 동물들 ↓

독침 쏘는 고둥!

빛을 내는 물고기!

히늘거리는 물고기!

요놈들은 맛보기일 뿐이야!

기대해 보라고!

- 마이크 로워리

차례

제1장 | 지구의 신비로운 바다   11

지구에서 두 번째로 큰 바다, 대서양   14
지구에서 세 번째로 큰 바다, 인도양   14
지구의 맨 남쪽에 있는 바다, 남극해   15
지구의 맨 북쪽에 있는 바다, 북극해   15
지구에서 가장 큰 바다, 태평양   16
오늘날의 바다는 어떻게 만들어졌을까?   18
깊이로 나눈 바다   20

제2장 | 상어!   27

상어는 어떤 동물일까?   28
상어의 엄청난 능력을 소개할게!   32
상어를 만나 보자!   37
선사 시대 상어   37
상어 떼 나가신다!   41

제3장 | 극한의 바다 서식지 … 63

바다의 열대 우림, 산호초 … 64
바닷속 울창한 켈프 숲 … 68
아주아주 깊은 바다 … 70
누가누가 더 클까? … 74
극지방의 바다 동물들 … 76
뜨거운 물이 퐁퐁 솟아나는 열수 분출공 … 78

제4장 | 아주아주 희한하고 치명적인 바다 동물들 … 79

민물 속 공포 체험 … 96

제5장 | 상어와 바다 동물들을 구해 줘! … 99

제6장 | 상어와 바다 동물들을 그려 봐! … 103

제7장 | 상어와 바다 동물 모아 보기 … 109

바다 동물 유머 모음 … 120
찾아보기 … 123

제1장
지구의 신비로운 바다

바다를 파헤쳐 보자!

1 지구에서 두 번째로 큰 바다 **대서양**

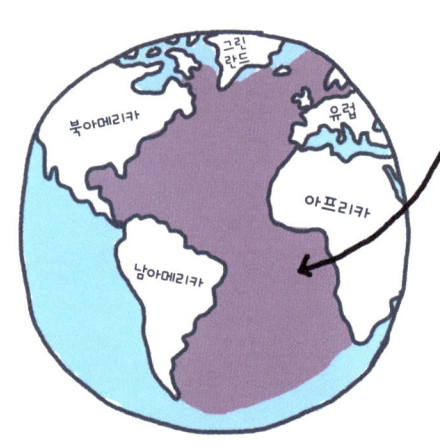

대서양의 영어 이름인 '애틀랜틱 오션(Atlantic Ocean)'은 '거인의 바다'라는 뜻이야. 그리스 신화에 나오는 거인 신 '아틀라스(Atlas)'에서 유래했어.

- 대서양은 지구 표면의 5분의 1을 덮고 있어.
- 밀물과 썰물 때 물의 높이가 가장 크게 차이 나는 바다지.
- 미시시피강, 아마존강, 콩고강처럼 세계에서 손꼽히는 큰 강들이 대서양으로 흘러들어.

이곳에 버뮤다 삼각 지대가 있다!

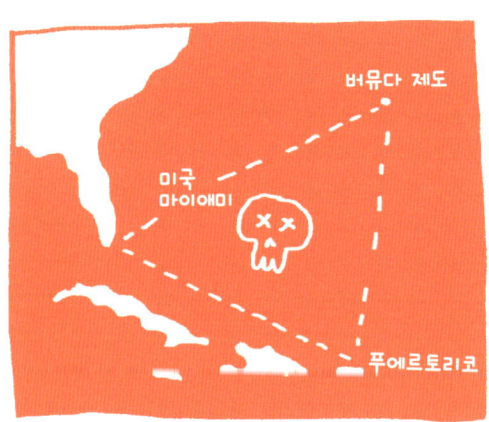

마이애미, 버뮤다 제도, 푸에르토리코를 잇는 바다 위 삼각형 구역을 '버뮤다 삼각 지대'라고 해. 이곳에서 수많은 배와 비행기들이 그… 그냥… 사라졌대! 오죽하면 이곳에 외계인이 산다거나 전설 속에 전해지는 아틀란티스 섬의 잃어버린 도시가 가라앉아 있다고 우기는 사람들도 있다니까! 버뮤다 삼각 지대에서 많은 실종 사건이 일어난 것은 사실이지만, 이런 이야기들은 과학자들은 믿지 않는 황당한 이야기일 뿐이야.

---

2 지구에서 세 번째로 큰 바다 **인도양**

- 인도반도를 둘러싸고 있어서 '인도양'이라는 이름이 붙었어.

 인도양 아래 숨겨진 케르겔렌 해저 지대는 크기가 우리나라의 10배도 넘는 거대한 수중 대륙이야.

깜짝 사실
인도양은 매년 약 20센티미터씩 넓어지고 있어. 북극과 남극에서 빙하가 자꾸 녹기 때문이야.

듀공은 몸길이 3미터, 몸무게 500킬로그램까지 자랄 수 있지!

인도양에는 듀공처럼 멸종 위기에 처한 동물들이 많이 살고 있어.

3. 지구의 맨 남쪽에 있는 바다 — 남극해

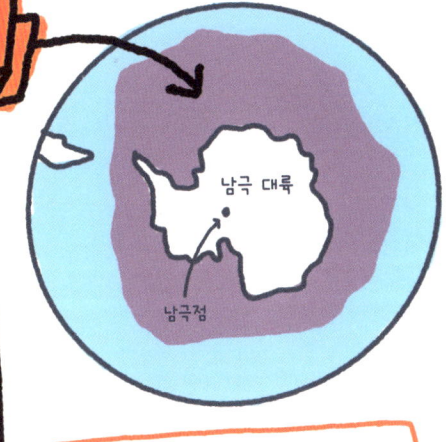

- 나이가 가장 어린 바다야.
(겨우 3000만 년밖에 안 됐거든……!)

그게 어리다고?! 333

가장 위험한 바다가 바로 여기라고!

겨울철에는 어마어마하게 큰 얼음덩어리들이 **남극 대륙**과 이어진 채 바다 위에 떠 있어. 그러다가 얼음덩어리가 대륙에서 떨어져 나오면 빙산이 되지.

안녕

빙산, 사나운 눈 폭풍, 거대한 파도 때문에, 남극해는 뱃사람들이 무지 겁내는 곳이야.

알고 있니?

내가 대단한 일을 한 거로군!

1820년에 '벨링스하우젠'이라는 러시아 탐험가가 발견하기 전에는 남극 대륙을 본 사람이 아무도 없었어.

---

4. 지구의 맨 북쪽에 있는 바다 — 북극해

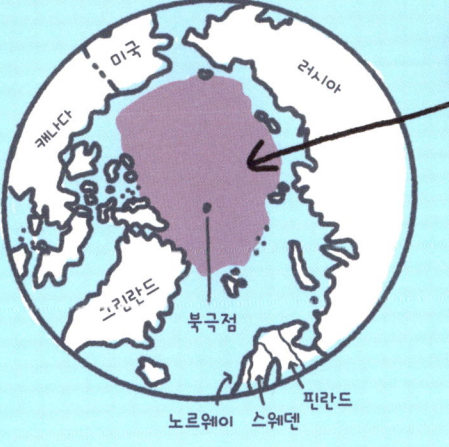

- 북극해는 지구에서 가장 작고 가장 얕은 바다야.
- 북극해는 대개 얼음으로 덮여 있어.
- 북극해의 영어 이름인 '아크틱 오션(Arctic Ocean)'은 곰을 뜻하는 그리스어 '아크토스(Arktos)'에서 유래했어.

북극 근처의 하늘에는 곰 모양 별자리인 **큰곰자리**가 있지.

이렇게 차가운 바닷물에도 동물들이 살아. 누구냐고?

난 외뿔고래! / 난 바다코끼리! / 난 벨루가!

지구에서 가장 큰 바다

5 태평양

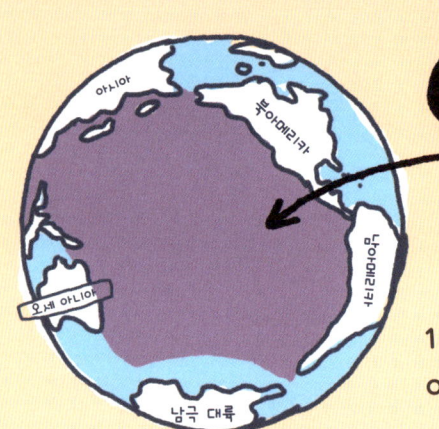

1521년, 포르투갈 탐험가 페르디난드 마젤란이 이 바다를 보고 이렇게 불렀어.

마르 파시피코

'평화로운 바다'라는 뜻이야.

태평양은 지구 표면의 **1/3**을 차지해! 세계 바다 면적의 반을 차지하는 셈이지.

지구의 땅덩어리를 하나로 뭉친 것보다 **태평양이 더 크다는 사실!**

태평양에 있는 섬의 개수만 해도 2만 개가 넘어!

다른 바다에 있는 섬들을 모두 합친 것보다 더 많지!

수많은 생물들의 보금자리인 **그레이트배리어리프**가 태평양에 있어!

그레이트배리어리프는 세계에서 가장 큰 산호초 지대야.

지구에서 가장 깊은 곳인 마리아나 해구도 태평양에 있어.

지구에서 가장 외딴 곳

국제 우주 정거장

포인트 니모

영화 〈니모를 찾아서〉의 그 니모 아님!

책 〈해저 2만 리〉에 나오는 잠수함의 선장 이름을 따왔어.

남태평양 한가운데에는 육지에서 아주아주 멀리 떨어진 곳이 있어. 이곳에서 가장 가까운 거리에 있는 사람이 다름 아닌 국제 우주 정거장의 우주 비행사일 정도니까. 사방을 둘러봐도 1,600킬로미터 안쪽에는 바다밖에 없어. 그런데 국제 우주 정거장은 이곳에서 고작 415킬로미터 높이에 있으니, 지구에 있는 사람보다 더 가까이 있는 셈이지.

포인트 니모는 우주선의 공동묘지!

무인 우주선이 지구로 돌아올 때면 보통 대기권에 진입하면서 거의 다 타 버리지만 그래도 타다 남은 조각이 떨어질 수 있어. 그래서 과학자들은 우주선이 돌아올 장소로 이 외딴 곳을 선택했어. 육지에 떨어졌다간 우주선 파편에 맞는 사람이 있을지도 모르니까. 지금 이곳에는 우주선이 260대 넘게 가라앉아 있어.

오늘날의 바다는 어떻게 만들어졌을까?

아주 오래전에, 그러니까 약 2억 5000만 년 전에는 세상에 바다가 하나밖에 없었어. 이 바다를 **판탈라사**라고 해!

그리고 대륙들도 모두 하나로 뭉쳐 있었다지? 이 거대한 대륙을 바로 **판게아** 라고 불러!

그런데 1억 6000만 년 전쯤에 이 거대한 땅덩어리가 쪼개지면서 땅들이 서로 멀어져 갔어.

대륙이 움직인다고? 판 구조론

판 구조론은 지구의 껍데기가 아주아주아주아주 느리고 꾸준히 움직이는 여러 개의 판으로 이루어졌다는 이론이야. 우리가 사는 땅과 바다가 모두 이 판 위에 있다는 거지. 판 구조론에 따르면 아주 오랜 세월 동안 판들이 천천히 움직이면서 5개의 커다란 바다와 6개의 대륙을 만들었어. 두 판의 가장자리가 밀려서 서로 옆으로 어긋나거나 위아래로 포개지거나 반대 방향으로 갈라지면, 그 충격으로 지진이나 화산 폭발이 일어나지.

태평양 불의 고리

태평양을 둘러싼 4만 킬로미터의 지역을 '불의 고리' 또는 '환태평양 조산대'라고 불러. 이 지역을 따라 무려 450개가 넘는 화산이 있기 때문이지.

450개가 넘는 화산이라니!

지구의 전체 화산 가운데 **75%**가 넘는 개수라고!

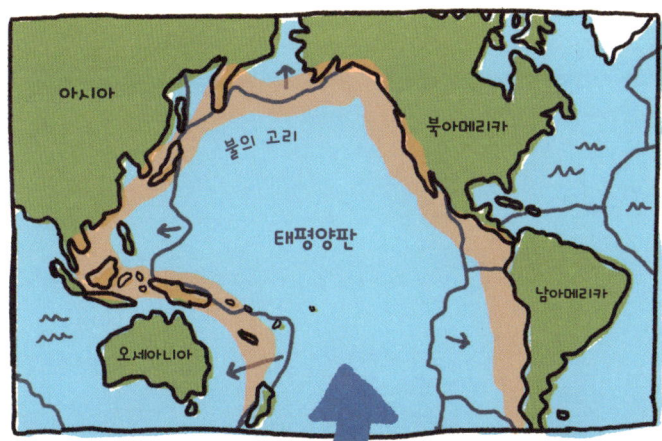

이곳에서 전 세계 지진의 90%가 발생해. 이게 다 세계에서 가장 큰 판인 태평양판이 주위의 다른 판들을 밀어 올려서 그런 거야.

지진해일이 몰려온다!

바다 밑에서 일어난 지진은 지진해일(쓰나미)이라는 거대한 파도를 불러오는데, 파도의 높이가 무려 30미터나 돼. 10층짜리 건물을 덮칠 정도라고 산산하면 될 거야. 또 시속 800킬로미터로 빠르게 움직이는데, 그건 제트기와 맞먹는 어마어마한 속도야. 이 파도가 해안까지 올라오면 아주 큰 피해를 주지.

지진해일이 올지 미리 아는 방법!

1. 지진!
바다 가까이에서 땅이 흔들리면 지진해일이 일어날지도 모른다는 뜻!

2. 갑자기 확 빠지는 바닷물!
바닷물이 갑자기 빠르게 썰물처럼 빠지면 높은 곳으로 올라가도록 해!

지진해일은 큰 파도가 한 번에 밀려오기도 하지만, 여러 번 계속해서 몰아닥치기도 해. 그리고 처음 몰려오는 파도가 꼭 제일 위험한 건 아니야.

깊이로 나눈 바다

물은 햇빛을 흡수하기도, 반사하기도 해. 그래서 바닷속 깊이 들어갈수록 어둡지. 해수면에서 1,000미터쯤 내려가면 빛이 하나도 없어서 완전히 깜깜해. 바다는 햇빛이 얼마나 드는지에 따라 여러 층으로 나눌 수 있어.

유광층
(해수면~200미터)

유광층은 햇빛이 가장 많이 들어오는 층이야. 그래서 식물이 많이 살고, 플랑크톤이나 해조류 같은 생물들도 이곳을 좋아해. 식물을 먹고 사는 물고기도 많이 모이는데, 그중의 일부는 참치, 돌고래처럼 큰 동물들의 먹잇감이 되기도 해. 바다에 사는 동물들이 대부분 여기에서 산다고 보면 돼.

약광층
(200~1,000미터)

약광층은 암흑에 가깝지만 그래도 햇빛이 아주 희미하게나마 비치긴 해. 물론 사람들은 이곳이 온통 깜깜하다고 느끼겠지만 말이야. 이곳에서는 식물이 자랄 수 없어. 하지만 해파리, 문어, 오징어 같은 동물들은 이곳에서도 아주 잘 살아가지.

여기에서도 조금 보이기는 해.

무광층(반심해대)
(1,000~4,000미터)

햇빛이 여기까지는 내려오지 못해서 반심해대에는 완전한 어둠뿐이야. 하지만 이런 시커먼 세상에도 빛은 있어. 독사고기나 초롱아귀처럼 불을 밝히는 동물들이 있거든. 반심해대는 얼어 죽을 만큼 추워. 그리고 이곳에 사는 동물들은 햇빛이 없기 때문에 몸이 온통 검거나 붉은색이야. 먹이를 찾아 여기까지 잠수해 내려오는 고래도 있어.

나는 여기가 좋더라.

무광층(심해대)
(4,000~6,000미터)

무광층 중에서도 4,000미터 아래의 지역을 심해대, 또는 심연이라고도 부르는데, '빠져나올 수 없는 수렁'이라는 뜻이야.

전 세계 해저의 75퍼센트가 이 지대에 있어.

무광층(초심해대)
(6,000미터 이하)

이 마지막 층은 바다 밑 깊은 해구에 있어. 해구는 심해 밑바닥의 깊은 계곡을 부르는 말이지. 사람들은 그리스 신화에서 하데스 신이 다스리는 죽은 자들의 지하 세계가 이곳과 비슷할 거라고 생각했어. 이곳은 물의 압력이 너무 세서 사람은 특별히 아주 튼튼하게 만들어진 잠수함이 없으면 이곳에 갈 수 없어. 수압이 해수면에서보다 1,100배나 높으니까! 비행기 50대 밑에 깔려 있다고 상상하면 아마 이해가 될 거야.

바다는 얼마나 깊을까?

거기서도 내가 보여?

- **40미터** 아마추어 스쿠버 다이버에게 허용된 최대 깊이
- **100미터** 수압 때문에 사람이 이보다 더 아래로 내려가면 위험함.
- **214미터** 오스트리아의 다이버인 허버트 니치가 숨 한 번에 내려간 프리 다이빙 잠수 최고 기록
- **332미터** 스쿠버 다이빙 잠수 최고 기록
- **4430미터** 미국 엠파이어 스테이트 빌딩을 해수면에서 거꾸로 세웠을 때의 깊이
- **828미터** 세계의 가장 높은 건물인 '부르즈 할리파'를 해수면에서 거꾸로 세운 깊이
- **1,280미터** 장수거북의 최대 잠수 깊이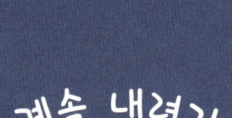

계속 내려가 보자고!

- **3,800미터** 영국의 여객선 타이태닉호가 침몰한 깊이

알고 있었니?

프리 다이빙과 **스쿠버 다이빙**이 어떻게 다른지!

프리 다이빙은 아무 장비 없이 잠수하고, 스쿠버 다이빙은 숨을 쉴 수 있게 해 주는 장비인 스쿠버를 착용하고 잠수해.

- **8,849미터** 에베레스트산이 거꾸로 물에 떨어졌을 때 닿는 깊이
- **10,908미터** 영화 〈아바타〉의 감독인 제임스 카메론이 '딥씨 챌린저' 잠수정을 타고 내려간 깊이
- **10,916미터** 1960년에 미국의 해양학자 돈 월시와 스위스의 해양학자 자크 피카르가 무려 5시간이나 걸려서 여기까지 내려왔지만, 아쉽게도 잠수정 창문에 금이 가기 시작하는 바람에 20분 만에 올라와야 했음.

가장 깊은 바다, 비티아즈 해연!

지구의 바다에서 가장 깊은 곳은 마리아나 해구에 있는 비티아즈 해연이야. 이곳은 수심이 11,000미터가 넘어! 지구에서 가장 높은 산인 에베레스트산도 비티아즈 해연에 들어가면 완전히 잠겨 버릴 거야. 에베레스트산의 높이는 8,849미터 정도니까.

마리아나 꼼치

투명한 피부!

2014년에 발견되었음.

지금까지 발견된 물고기 중에서 가장 깊은 곳에 산다네!

수심 8,000미터 아래에서 사는 물고기!

마리아나 해구에 사는 생물에 대해서는 별로 알려진 게 없지만, 어쨌든 그 깊은 곳에서도 살아가는 놈들이 있는 건 확실해. 미생물 같은 생물 말이야. 마리아나 꼼치라는 작은 물고기도 그곳에서 발견되었대!

빅터 베스코보

세계에서 혼자 가장 깊이 잠수한 사람은 영화감독 제임스 카메론이었어. 그런데 2019년에 그 기록이 깨졌지. 새로운 기록의 주인공은 미국의 억만장자이자 탐험가인 빅터 베스코보! 잠수정을 타고 혼자서 마리아나 해구 밑바닥 10,927미터까지 내려갔대. 그곳에서 심해 생물을 발견했고. 그런데 그거 알아? 사람이 버린 비닐봉지도 보았다는 사실……! 진짜 너무하지.

가장 깊이 내려간 잠수정

저게 잠수정이라고?

이 요상하게 생긴 잠수정은 심해의 엄청난 압력을 견디도록 설계되었지!

응! 독특한 모양 덕분에 엄청난 수압을 견딜 수 있던 거야!

냠냠!

과학자들이 마리아나 해구에서 탄화수소를 분해하는 세균을 발견했어. 탄화수소를 분해한다는 것은 이 세균이 기름을 먹는다는 뜻이지. 어쩌면 바다에 유출된 기름을 청소하는 좋은 방법을 찾을지도 몰라.

깜짝 놀랄 바다 이야기 추가요!

바닷물은 생명체로 가득 차 있어.

고작 한 방울의 물에도 **바이러스 100만 개**가 들어 있다는 사실!

음, 갑자기 목이 안 마르네.

걱정 마! 대부분은 사람에게 **해롭지 않으니까!**

그래도 바닷물은 염분이 많으니 함부로 마시지는 말고!

더욱 놀라운 사실!

지구에 사는 생물의 **80%**가 **바다**에 살고 있어.

게다가 과학자들은 이제까지 명확히 분류된 바다 생물종은 전체 바다 생물종의 고작 9퍼센트밖에 안 된다고 말해. 앞으로 어떤 생물들을 더 발견하게 될까?

바닷속에 숨겨진 어마어마하게 긴 산맥!

난 수영을 못 한다고!

지구에서 가장 긴 산맥은 바닷속에 있어. 간혹 물 위로 드러난 곳도 있지만 거의 물속에 잠겨 있지. 이 해저 산맥(해령)은 총 길이가 6만 5,000킬로미터가 넘고 봉우리는 알프스산맥보다도 높아. 해양학자들은 1973년에 처음 바다로 들어가 이곳을 찾아갔어. 인간이 달에 착륙하고도 무려 4년이 지나서 말이지.

"크아앙~!" 바닷속에 괴물이?

1997년, 바닷속에 설치된 마이크에 지금까지 들어보지 못한 큰 소리가 녹음되었어. 소리가 어찌나 큰지 4,800킬로미터나 떨어진 곳에서도 들렸대. 이때까지 이렇게 큰 소리를 내는 동물은 없었다고 해. 사람이 만든 소리도 아니었다는데 말이지.

소리의 정체가 밝혀진 것은 무려 10년 뒤!
알고 보니 빙하가 쪼개질 때 나는 소리였대.

남극에서 말이야.

물속에 또 물이……?!

바닷속에는 다른 지역보다 물의 밀도가 유독 높은 곳이 있어. 이상하게 들리겠지만, 그런 곳에는 수중 호수와 수중 폭포가 만들어져. 수중 호수에서는 파도까지 친다나?

세계에서 가장 큰 폭포도 물속에 있어. 높이가 무려 3,500미터나 되지. 이 폭포에서 1초에 떨어지는 물의 양이 나이아가라 폭포에서 1초에 떨어지는 물의 양보다 2,000배나 많대. 상상이 가니?

호수에 같이 들어갈래?

아니, 젖는 거 싫어. 엥, 잠깐. 내가 무슨 소리를 하는 거지?

야호, 신난다!

왜 파랗게 보일까?

바닷속에서는 세상이 온통 파랗게 보여. 그건 물이 햇빛에서 파란색을 뺀 나머지 색깔만을 흡수하기 때문이야. 해수면에서 파란색만 반사되기 때문에 우리 눈에 바다가 파란색으로 보이는 거고. 하지만 이건 물이 깨끗할 때만이야. 개울물에 진흙이 잔뜩 떠다니면 진흙이 빛을 반사하기 때문에 갈색으로 보여.

황금 파도의 물결

바다에는 약 2천만 톤의 금이 떠다닌대. 주인은 따로 없지! 하지만 너무 작아서 도저히 골라낼 방법이 없다는군. 쳇!

> 바닷속에 있는 금이 정말 탐나는데, 그림의 떡이구나!

바다에 있는 공짜 금이 모두 얼마냐고? 1톤이면 460억 원쯤 되니까, 여기에 2천만을 곱하면. 음……, 아주 많은 거지!

사라진 폭탄!

바다에서는 언제나 많은 것들이 사라져. 배도, 사람도…… 그리고 수소 포, 포, 포, 폭탄도.

지금까지 바다에서 잃어버린 핵무기도 꽤 돼. 그중 하나는 일본에서 고작 130킬로미터 떨어진 곳에서 잃어버렸다는군. 미국의 어느 항공 모함에 있던 핵무기가 사고로 갑판에서 굴러떨어져 바닷속에 빠졌대. 지금은 물속 5,000미터 아래에 잠겨 있고.

1956년에 지중해에서는 핵폭탄 2개를 싣고 가던 제트기가 4,400미터 상공의 아주 짙은 구름 속에서 갑자기 자취를 감췄어. 온데간데없이 사라진 거지. 비행기도, 조종사도, 그리고 핵폭탄도 그 이후로 다시는 보이지 않았대.

바로 이렇게 터지는 폭탄이라고!

찾습니다! 이 폭탄 보신 분?

특종! 바다에서 발견된 놀랍고 신기하고 이상한 것들!

잃어버린 도시, 헤라클레이온!

이집트 해안에서 2300년 전 고대 도시인 헤라클레이온의 유물이 발견되었어. 배 53척, 닻 700개, 거대한 사원, 많은 금화, 그리고 5미터 높이의 조각상까지 발굴되었대.

꽥꽥! 고무 오리 부대!

고무 오리 2만 8,000마리가 화물선에서 바다로 떨어지는 사고가 있었어. 고무 오리 회사는 크게 손해를 보았지만, 해양학자들은 이 사고를 기회로 삼아 바닷물의 흐름을 연구하기로 했어. 이 노란 고무 오리들이 바다 어느 곳에서 발견된다면, 바닷물이 어떤 방향과 속도로 움직이는지 알 수 있을 테니까.

거대한 레고맨!

거대한 레고 피규어들이 전 세계 해안에서 10년 넘게 계속해서 나타났어. 가슴에는 이해하기 어려운 말이 적혀 있었지. 그런데 레고 회사는 자기들이 만든 게 아니라고 했다지 뭐야. 알고 보니 어느 네덜란드 조각가가 벌인 일이었대!

바다에서 눈 뭉치가?

2011년에 시베리아 지역에서 눈덩이 수천 개가 바닷물에서 해변으로 밀려 올라오는 사건이 있었어. 길이가 18킬로미터나 되는 해변에 온통 눈덩이가 깔렸지. 알고 보니, 물에 떠 있던 얼음이 차가운 바람과 만나 굴러다니면서 눈덩이가 되어 작은 공처럼 커져 일어난 현상이었어.

유리병 속에 담긴 132년 전의 메시지!

2018년, 오스트레일리아 서부 해변에서 오래된 병 하나가 발견되었어. 놀랍게도 그 안에는 1886년, 인도양에서 한 독일 선원이 쓴 편지가 들어 있었어. 인도양에서 편지를 쓰고 병을 떨어뜨렸는지 어떻게 알았냐고? 편지에 좌표가 적혀 있었거든!

제 2 장
상어!

상어는 어떤 동물일까?

자, 지금까지 신비로운 바다에 대해 알아볼 만큼 알아봤으니 이제 본론으로 들어가자고!

그거야 **상어가 물고기**니까!

잠깐 알고 가는 '물고기 상식'

물고기에 관한 진실 혹은 거짓!

물고기는 잠을 안 잔다?
거짓! 물고기도 잠을 잔다고 할 수 있어. 물고기는 눈꺼풀이 없어서 사람처럼 눈을 감을 수는 없지만, 움직이지 않고 쉬는 게 자는 거야.

물고기의 나이를 알 수 있다?
진실! 물고기의 몸을 덮고 있는 비늘을 자세히 보면 고리 모양의 무늬가 있어. 이 고리의 수를 세어 보면 물고기의 나이를 알 수 있지!

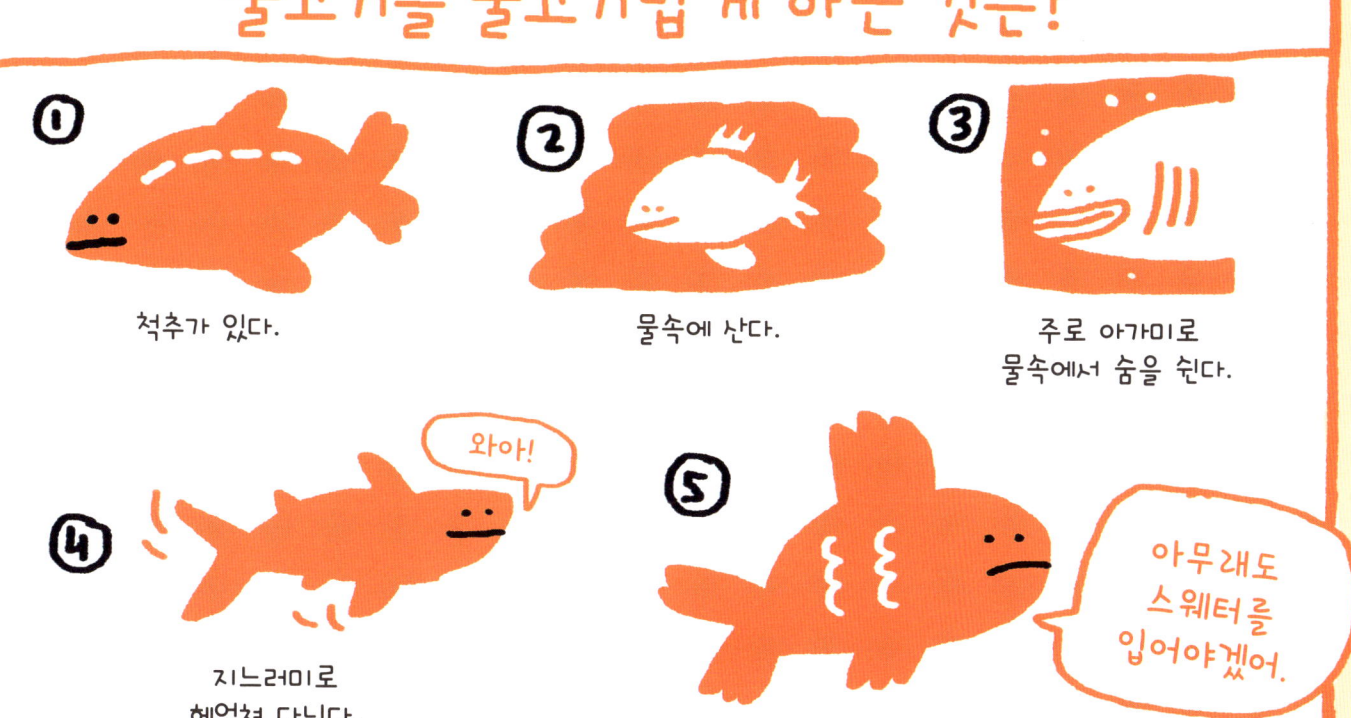

그러나 어디나 예외는 있는 법!

바깥 온도에 관계없이 체온을 항상 일정하고 따뜻하게 유지하는 동물을 '**항온 동물**', 체온을 조절하는 능력이 없어서 바깥 온도에 따라 체온이 변하는 동물을 '**변온 동물**'이라고 해.

아가미는 무슨 일을 할까?

모든 동물은 산소가 있어야 살 수 있어. 산소를 사용해서 에너지를 만들거든. 그리고 이 과정에서 이산화탄소가 나오지. 아가미는 물고기의 몸속으로 물속의 산소를 들여보내고 이산화탄소를 내보내는 일을 해. 마치 사람 몸의 허파처럼 말이야.

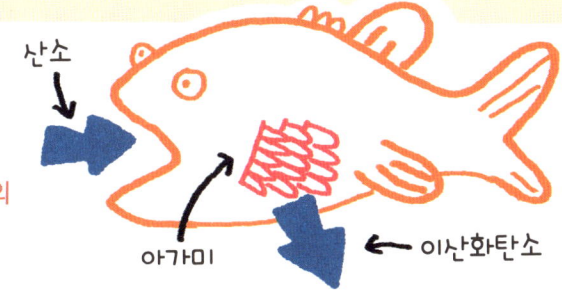

지금까지 물고기에 대해서 알아봤으니,

이제 본격적으로 상어 이야기를 해 볼까?

상어는 대부분 몸이 길어. 그리고 꼬리지느러미가 있어서 빠르게 헤엄칠 수 있어.

드디어!

상어의 몸 구조: 주둥이, 눈, 등지느러미 가시, 제1등지느러미, 제2등지느러미, 꼬리지느러미, 꼬리, 뒷지느러미, 배지느러미, 몸, 가슴지느러미, 아가미, 이빨, 머리

상어는 대부분 지느러미가 8개 있어. 물론 모든 상어가 그런 건 아니지만, 대부분은 등지느러미 2개, 가슴지느러미 2개, 배지느러미 2개, 뒷지느러미 1개, 그리고 커다란 꼬리지느러미 1개를 갖고 있지. 꼬리지느러미는 몸의 균형을 잡거나 물속에서 속도를 높여 먹잇감을 잡을 때(약속 시간에 늦었을 때도) 사용해. 이리저리 방향을 바꿀 때도 사용하고. 그리고 제1등지느러미는 몸을 뒤집을 때 사용해.

상어는 다른 물고기들과는 다른 종류의 뼈를 갖고 있어. 상어의 뼈는 연골이라고 부르는 고무 같은 물질로 되어 있지. 사람의 귀나 코처럼 구부러지는 무른 뼈라고 생각하면 돼.

← 상어 아님.

상어는 대부분 **육식 동물**이야.

하지만 간혹 식물을 먹고 사는 놈들도 있지.

귀상어의 한 종류인 보닛헤드상어는 해초를 먹어. 고래상어는 식물성 플랑크톤을 먹고.

이 세상에는 바나나만큼 작은 상어도 있어.

그리고 **버스만큼 큰** 상어도 있지.

비키세요. 빵! 빵!

상어라고 해서 다 바다에 사는 건 아니야. 민물에 적응해 강에서 사는 상어도 있어.

뉴기니강상어라고 들어 봤니?

몸길이가 2.4미터까지 자랄 수 있어.

전 세계에 약 250마리밖에 없는 아주아주 귀한 상어야.

상어의 엄청난 능력을 소개할게!

상어는 정말 놀라워. 아니, 놀랍다는 말로는 부족하지. 엄청나게 대단한 능력이 있어. 못 믿겠다고? 잘 들어 봐.

1. 엄청나게 특별한 피부!

상어의 비늘은 다른 물고기들의 비늘과는 좀 달라. 상어의 사진을 보면 피부가 마치 고무로 만든 잠수복처럼 매끄러워 보일 거야. 그래서 꼭 껴안고 어루만지고 싶어지지. 하지만 절대로 그러면 안 돼! 상어의 피부는 매끄럽지 않거든. 오히려 그 반대야. 사포처럼 엄청 거칠다고!

아야!
미안해!

상어를 함부로 껴안지 마세요!

사실 상어의 피부는 수백만 개의 작은 **이빨 같은 돌기**로 되어 있어.

그걸 '방패 비늘(피치)'이라고 부르지.

방패 비늘은 작은 이빨처럼 생겼어. 그리고 지붕의 기와처럼 서로 겹쳐서 나지. 그래서 상어를 머리에서 꼬리 방향으로 쓰다듬으면 매끄럽지만, 반대로 쓸어올리면 굉장히 거칠게 느껴질 거야. 수영을 하다가 상어의 피부에 심하게 긁힌 사람들도 있어. 물론 상어한테 물리는 것보다는 낫겠지만 그래도 큰 상처가 나게 돼.

잠깐, 그렇다면 치실로 피부를 청소해야 한다는 말이야?

상어의 피부는 상어가 헤엄칠 때 물의 항력을 줄여서 물살을 빠르게 가르고 나아갈 수 있게 도와줘.
방패 비늘은 이빨처럼 빠지기도 하고 새것으로 교체되기도 하지.

상어마다 방패 비늘의 모양은 달라. 가시비늘상어의 방패 비늘은 서로 멀찍이 떨어져 있고, 마치 장미 가시처럼 솟아 있는 모양이야.

확대해서 본 가시비늘상어의 방패 비늘

가시비늘상어

- 희귀종
- 깊은 바다 밑바닥을 좋아함.
- 천천히 헤엄침.
- 몸길이가 3미터까지 자람.

미흑점상어는 방패 비늘의 크기가 정말 작아서 피부가 버터처럼 부드러워. 마치 비단결 같지. 그래서인지 미흑점상어의 영어 이름은 비단을 뜻하는 단어인 실크(silk)에서 유래한 '실키 샤크(silky shark)'야!

미흑점상어

- 몸길이가 2.4미터까지 자람.
- 열대 바다를 좋아함.

확대해서 본 미흑점상어의 방패 비늘

왜 아무도 나를 쓰다듬어 주지 않는 거지?

2. 엄청나게 민감한 후각!

상어는 냄새에 대한 정보를 처리하는 부분이 뇌의 3분의 2를 차지해. 그리고 상어는 아가미로 숨을 쉬니까 콧구멍은 숨 쉬는 일을 할 필요가 없어. 그러니 콧구멍은 냄새 맡는 일에만 집중할 수 있지. 상어는 주둥이 사이로 물이 계속 흘러 들어가기 때문에, 물속에 있는 피 냄새를 기가 막히게 잘 맡을 수 있어.

유머 코너!

상어는 왜 향수를 뿌리지 않을까요?

이미 냄새가 좋으니까!

보너스 정보!

상어는 아주 먼 거리에서도 물에 섞인 피 한 방울의 냄새를 맡을 수 있다고 알려져 왔어. 실제로 어떤 상어들은 400미터쯤 떨어진 곳에 있는 피를 감지하기도 해. 하지만 그렇게 빨리 느끼지도 않고 너희들이 치킨이나 피자 냄새를 멀리서 맡았을 때처럼, 쏜살같이 달려가는 것도 아니야. 하지만 상어의 후각이 사람보다 몇 백 배 더 뛰어난 건 사실이지!

실망인걸. 근데 치킨이랑 피자 먹고 싶다, 쩝!

3. 엄청나게 예리한 시각!

깊은 바다는 아주 어둡지만, 상어는 꽤 시력이 발달했어. 상어는 고양이처럼 밤눈이 밝지. 그리고 사람의 눈보다 빛에 10배나 더 민감해.

투명한 눈꺼풀

상어는 '순막'이라고 하는 눈꺼풀이 있어. 순막은 투명하기 때문에 상어는 눈을 감아도 앞을 볼 수 있어.

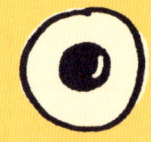
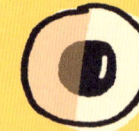

눈 뜬 상태   눈 감은 상태

4. 엄청난 전류 감지 능력!

상어한테는 사람에게 있는 다섯 가지 감각(시각, 청각, 후각, 미각, 촉각)뿐만 아니라 전기의 자극을 느끼는 여섯 번째 감각이 있어. 이렇게 상어가 전류를 감지하는 기관을 '로렌치니 기관'이라고 해. 바로 얼굴에 난 검은색 작은 구멍들이 로렌치니 기관이야. 모든 동물은 근육이 수축할 때 아주 약한 전기장을 발산하는데, 상어가 로렌치니 기관으로 그걸 느끼는 거지! 덕분에 상어는 다른 감각 기관이 놓칠 수 있는 먹잇감을 찾을 수 있어. 모래 속에 숨어 있는 가오리 같은 것들 말이야!

로렌치니 기관

첫, 너랑 숨바꼭질하는 건 재미없어!

너 거기에 있는 거 다 알아.

네 기운이 느껴지니까.

상어도 잠을 잘까?

많은 사람들이 상어는 잠을 자지 않는다고 생각하는데, 그건 사실이 아니야. 상어도 잠을 자. 그런데 어떤 상어들은 쉬지 않고 계속해서 움직여야 해. 그래야 물이 아가미 속으로 들어가 산소를 얻을 수 있거든. 그런 상어들은 헤엄치면서 자는 법을 터득했지.

어떤 상어는 눈을 뜨고 자!

쟤 지금 자는 것 같아. 옆으로 지나가 보자.

자는 게 아닌 거 같은데!

드르렁. 쿨쿨.

상어의 능력은 이게 전부가 아니야!

5. 엄청나게 강력한 이빨!

어떤 상어는 이빨이 몇 줄씩 나 있어.

맨 앞줄의 이빨이 빠지면 바로 뒷줄에 있던 이빨이 그 자리를 차지해. 그래서 상어의 이빨은 계속해서 앞으로 움직여. 살면서 상어의 이빨이 몇 개나 빠지는지 알아?

이빨 닦다가 세월 다 가겠네!

상어의 입속!

무려 30,000개!

상어의 이빨은 대부분 칼날처럼 날카로워. 톱니가 있는 것들도 있지. 덕분에 먹잇감을 쉽게 잘라 먹을 수 있어.

티라노사우루스처럼 말이지!

상어가 먹잇감을 한 번에 베어 물지 못하면, 마치 톱질을 하듯 머리를 양쪽으로 흔들어서 끊어 내.

조개나 게를 먹고 사는 상어는 이빨이 두껍고 평평해서 껍데기를 쉽게 으스러뜨릴 수 있어.

상어의 턱에 관한 놀라운 사실!

상어의 턱은 잘 늘어나는 고무줄 같은 물질로 머리뼈에 느슨하게 연결되어 있어. 그래서 상어는 턱을 앞으로 쭉 내밀 수 있지. 이렇게 입을 크게 벌릴 수 있으니 큰 먹잇감도 문제없는 거야.

상어를 만나 보자!

선사 시대 상어

상어는 **4억 5000만 년** 전부터 지구에 살았어. 그건 다시 말해 **공룡**보다 **1억 5000만 년**이나 지구에 먼저 나타났다는 뜻이지. 심지어 **나무**보다도 나이가 많다고!

이제 근사한 선사 시대 상어들을 만나 볼 시간!
(지금은 멸종했다는 것 기억하고!)

제나칸투스

2억 200만 년 전까지 살았어.
머리에 이상하게 튀어나온 가시가 포식자로부터 몸을 지켜 주었을 거야.
등지느러미가 등을 타고 이어져 있어.
민물에 살았대.
몸길이는 90센티미터, 몸무게는 2~5킬로그램!
장어 같은 몸매!

가장 이상한 입을 가진 상어 상

헬리코프리온

헬리코프리온은 페름기-트라이아스기 대멸종 때까지 살았어. 2억 5000만 년 전에 멸종했지. 이때 지구상의 거의 모든 생물이 죽었다고 해. 이 대멸종기 이후에 공룡이 나타났고.

위턱에는 이빨이 없어.

말이 안 되는 것 같지만, 헬리코프리온의 이빨은 **돌돌 말린 톱니 모양**이야.

먹잇감을 잡아먹을 때 이빨을 둥근 톱날처럼 사용하지. **100개도 넘는 이빨**이 3줄쯤 감겨 있어!

몸길이는 3~8미터야.

에데스투스

별명: 가위이빨상어

이 상어 그림을 보고 내가 실수로 상어 몸에 오리 입을 그렸다고 생각했겠지? 하지만 실수가 아니야. 에데스투스는 진짜 이렇게 생긴 상어인걸!

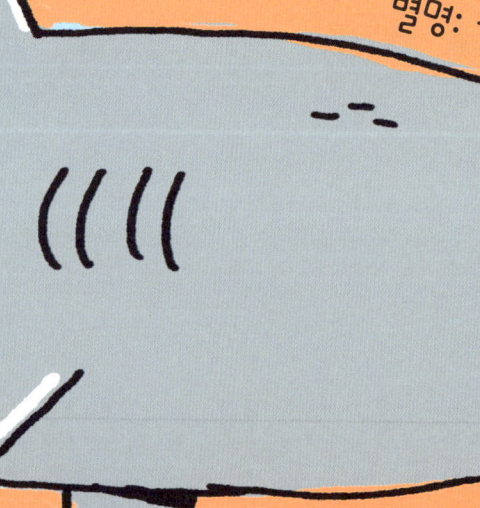

이빨이 빠지지 않고 계속해서 길게 자랐을 거야!

구부러진 턱이 마치 큰 가위처럼 움직였어.

오늘날 백상아리 정도의 크기였대.

상어 떼 나가신다!

상어는 크게 8개의 '목'으로 무리를 나눌 수 있어.

상어 그룹 1	흉상어목
	특징: 뒷지느러미 1개, 아가미구멍 5쌍, 등지느러미 2개, 등지느러미 가시 없음, 입이 눈 뒤쪽에 있음, 눈에 순막 있음.

몸길이가 60~90센티미터로 작은 상어도 있지만, 3미터까지 자라는 놈들도 있지.

흉상어목은 상어 중에서 가장 큰 집단이야. 지금까지 270종 넘게 있다고 알려졌지. 전 세계 모든 바다에서 살아.

두톱상어

야옹야옹!

두톱상어과는 흉상어목 중에서도 가장 큰 집단이야. 160종 이상이 있다고 알려졌지.

평균적인 몸길이는 90센티미터야.

두톱상어의 영어 이름은 '캣샤크(catshark)'야. '고양이상어'라는 뜻이지. 고양이를 닮은 눈 때문에 이런 이름이 붙었대.

어떤 두톱상어는 질긴 가죽 같은 알을 낳아. 알 껍데기가 지갑이나 주머니를 닮아서 '인어의 지갑'이라고도 부르지.

두톱상어의 알

저건 내 지갑이 아닌데?

귀상어!

물고기, 작은 상어, 가오리, 문어, 오징어 등을 잡아먹고 살아.

괴상하게 생긴 머리 때문에 귀상어에게는 '망치머리상어'라는 별명이 붙었어. 하지만 귀상어의 머리는 몸을 위로 잘 들어 올리도록 도와줘. 귀상어가 물속에서 헤엄치는 방향에 수직 방향으로 작용하는 힘(양력)을 높여 주거든. 마치 비행기의 날개처럼 말이야! 게다가 빠르게 회전하는 데도 좋지.

다른 물고기들은 **알**을 낳는데, 귀상어는 **새끼**를 낳아.

귀상어는 약 10종이 있는데, 그중 3종은 멸종 위기에 처했어.

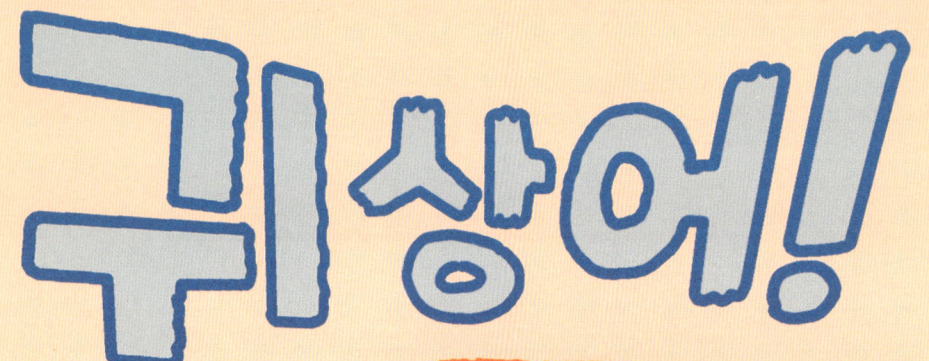

복상어

포식자를 만나면 몸속에 물을 주입해 몸의 크기를 2배나 키운 다음 겁을 줘! 해수면 가까이 있을 때는 공기로 몸을 부풀릴 수도 있어. 위험이 사라지면 트림을 해서 공기를 밖으로 내보내고! 복상어가 바위 사이에서 몸을 부풀리면 포식자가 끄집어내기 아주 어렵겠지?

내 트림 실력 한번 보여 줄까?

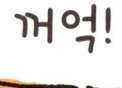
꺼억!

조심해!

뱀상어

매우 위험!

뱀상어는 세상에서 가장 위험한 상어 가운데 하나야. 뭐든 닥치는 대로 먹기 때문이지.

뱀상어는 헤엄치는 쓰레기통이나 다름없어. 물고기는 물론이고 돌고래, 해파리, 새, 오징어, 심지어 악어까지 먹으니까. 고래를 잡아먹는다는 얘기도 있어.

상어가 사람을 공격하는 일은 드물지만, 뱀상어는 얕고 따뜻한 물에서 노는 걸 좋아하니까 사람과 종종 마주치기도 해.

몸길이가 6미터까지 자랄 수 있어!

난 아직 배가 고프다!

어린 뱀상어는 몸에 호랑이 무늬 같은 줄무늬가 있어. 하지만 크면서 줄무늬는 사라진대.

보통 한 번에 새끼를 30마리 정도 낳아. 최고 기록은 무려 80마리래!

따뜻한 물을 좋아해.

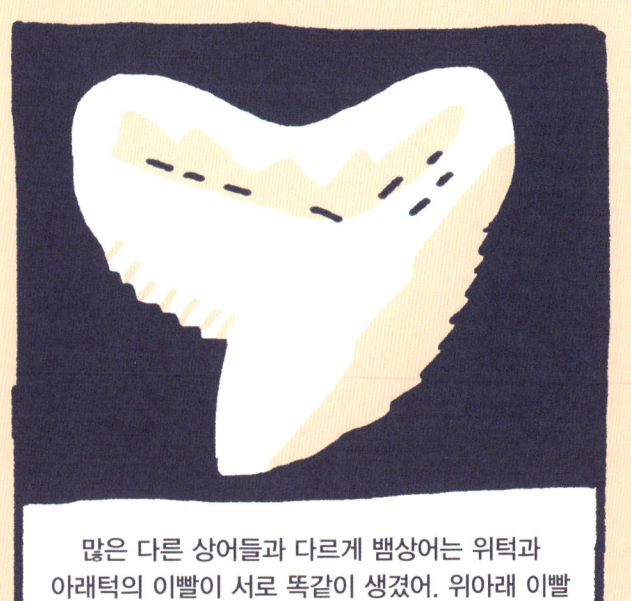

많은 다른 상어들과 다르게 뱀상어는 위턱과 아래턱의 이빨이 서로 똑같이 생겼어. 위아래 이빨 모두 가장자리에 톱니가 있고 V자 모양이지.

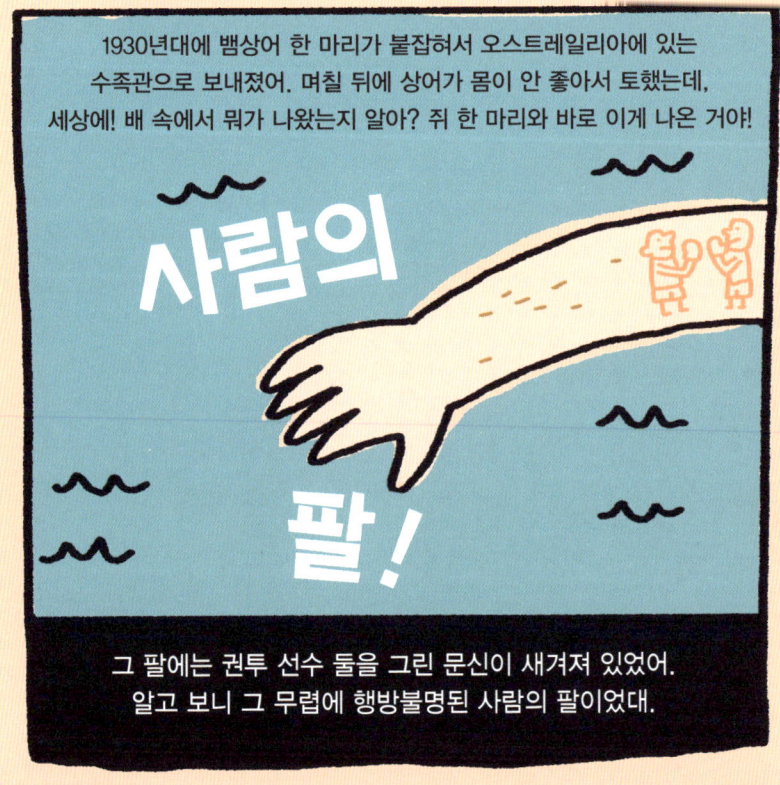

1930년대에 뱀상어 한 마리가 붙잡혀서 오스트레일리아에 있는 수족관으로 보내졌어. 며칠 뒤에 상어가 몸이 안 좋아서 토했는데, 세상에! 배 속에서 뭐가 나왔는지 알아? 쥐 한 마리와 바로 이게 나온 거야!

사람의 팔!

그 팔에는 권투 선수 둘을 그린 문신이 새겨져 있었어. 알고 보니 그 무렵에 행방불명된 사람의 팔이었대.

청새리상어

청새리상어는 오징어를 좋아하는 사냥꾼이지만, 죽은 고래를 먹는 사체 청소부이기도 해.

억!

몸길이는 2미터 가까이 자랄 수 있어.

청새리상어는 3,000킬로미터에 가까운 먼 거리를 떼를 지어 이동해. 하루에 60킬로미터나 헤엄칠 수 있어.

한 번에 새끼를 130마리나 낳을 수 있어!

몸이 온통 파란색 같지만 배 부분은 연한 회색이야.

머리가 2개인 상어라니!

머리가 2개인 청새리상어 배아 사진이 발표되고 나서, 여기저기에서 머리가 2개인 거대한 어른 상어를 봤다는 목격담이 이어졌어. 하지만 모두 가짜였지. 머리가 2개인 새끼 상어가 오래 살아남을 수는 없어. 제대로 헤엄치기 어려워서 포식자에게 쉽게 잡힐 테니까.

황소상어

황소상어는 따뜻하고 얕은 물에서 헤엄치는 걸 좋아해. 그런데 사람들도 그런 곳에서 수영하는 걸 좋아하잖아. 그래서 가끔씩 황소상어가 먹잇감으로 오해하고 사람을 공격할 때가 있어. 황소상어가 사람을 가장 많이 공격하는 상어라고 알려지기도 했는데, 황소상어의 색깔이 다른 상어랑 비슷해서 사람들이 오해한 거라는군.

조심해! 위험해!

황소처럼 힘이 세서 이런 이름이 붙었어.

이중간첩!

대부분의 상어는 짠물에서만 살 수 있어. 하지만 황소상어는 꼬리 근처에 소금을 저장하는 곳이 있어서 민물에서도 아무 문제없이 돌아다닐 수 있지. 황소상어는 바다에서 수백 킬로미터 떨어진 강에서도 발견된 적이 있대!

상어 그룹 2

괭이상어목

특징: 뒷지느러미 1개, 아가미구멍 5쌍, 등지느러미 2개, 등지느러미 가시 있음.

괭이상어목에 속한 상어는 그리 많지 않아. 9종의 상어가 얕은 열대 바다에서 주로 생활하지.

몸길이 1.2미터

삿징이상어

괭이상어목의 상어들은 등에 있는 뾰족한 가시로 포식자들에게 함부로 다가오지 말라고 경고해.

뿔괭이상어

몸길이 1미터

지느러미로 깊은 바다 밑바닥에서 기어 다니는 걸 좋아해.

뿔괭이상어는 2주에 걸쳐서 많게는 알을 24개까지 낳을 수 있어. 알을 낳은 뒤에는 어미가 알을 모아 입안에 넣고 바위에 있는 작은 구멍에 안전하게 옮겨 놓지.

돼지야, 상어야 ?!

돌돌 꼬인 알

상어의 알은 대부분 껍질이 반투명해서 안을 들여다볼 수 있어. 그런데 괭이상어의 알은 나사처럼 꼬여 있어. 그래서 암컷 상어가 알을 1개 낳는 데 몇 시간씩 걸리곤 해.

괭이상어들은 나처럼 커다란 콧구멍이 2개 있어!

상어 그룹 3

신락상어목

특징: 뒷지느러미 1개, 아가미구멍 6~7쌍, 등지느러미 1개

신락상어목은 모든 상어 그룹 중에서도 가장 조상 격이라고 알려졌어. 오늘날 살아 있는 상어들이 다 1억 5000만 년 전에 살았던 신락상어목의 상어들과 아주 비슷하게 생겼기 때문이지.

주름에 살고 주름에 죽는다!

주름상어

가장 상어 같지 않은 상어 상

주름상어의 이빨은 300개가 뒤쪽을 향해 배열되어 있어!

몸길이가 1.8미터까지 자랄 수 있어.

이 그림을 보고 '이건 상어가 아니라 뱀장어잖아?'라고 생각할지도 몰라. 뱀장어를 닮은 건 맞지만, 분명히 상어야!

진짜 상어 맞아?

주름상어는 뱀장어처럼 물속을 잘 헤엄치지는 못해. 그 대신 지방질이 많은 커다란 간 덕분에 물속에서 오래 가만히 있을 수 있어.

주름상어는 수심 120~1,300미터에서 주로 살기 때문에 사람 눈에 잘 띄지 않아. 하지만 혹시라도 보게 된다면 왜 주름상어라는 이름이 붙었는지 바로 알 수 있을 거야. 아가미가 다른 상어들처럼 갈라지지 않고 가장자리에 빨간 주름이 여러 겹으로 이어져 있기 때문이지.

보너스 정보!

1958년부터 1971년까지 미국 해군은 비밀 프로젝트를 진행했어. 상어를 군사용 무기로 만들려는 시도였지. 그 무기는 바로……

상어 어뢰!

펑!

상어의 몸에는 폭탄을 묶고 머리에는 자극을 주는 충격 장치를 단 다음, 목표물까지 무사히 도착하게 하는 게 작전이었어.

거참, 너무하네.

악상어목

상어 그룹 4

특징: 뒷지느러미 1개, 아가미구멍 5쌍, 등지느러미 2개, 등지느러미 가시 없음, 눈에 순막 없음, 입이 눈 뒤쪽에 있음.

악상어목 상어 중에는 아주 유명한 상어가 있어. 바로 백상아리야. 악상어목 상어들은 1억 2000만 년 전쯤에 나타났어. 메갈로돈도 여기에 속하지.

악상어목은 대부분 항온 동물이야. 이 사실이 아주 중요해! 덕분에 이 상어들이 진짜 빨리 헤엄치고, 아주 높이 점프하고, 다른 상어들보다 훨씬 깊이 잠수하거든.

청상아리

백상아리와 가까운 친척이야.

물 밖으로 5미터 가까이 뛰어오를 수 있어.

길고 뾰족한 이빨이 꼭 단검 같아!

시속 100킬로미터로 빠르게 헤엄칠 수 있어!

이 상어는 유명한 문학 작품에도 등장해. 헤밍웨이의 소설 《노인과 바다》에 나오는 상어가 바로 청상아리지.

돌묵상어

먹이를 먹을 때면 마치 햇빛 아래서 일광욕을 하는 것처럼 보인대.

1시간에 무려 150만 리터의 물을 거를 수 있어!

몸길이가 12미터까지 자랄 수 있어. 시내버스와도 맞먹는 길이지.

돌묵상어는 가끔씩 물 밖으로 아주 높이 점프하는데 학자들도 그 이유는 잘 몰라.

돌묵상어는 피부를 덮고 있는 점액질이 기생충으로부터 몸을 보호해 줘.

환도상어

가장 긴 꼬리 상

그림을 보자마자 왜 이 상어가 특별한지 눈치챘지? 꼬리지느러미가 몸길이만큼이나 길게 뻗어 있어! 이 기다란 꼬리지느러미 때문에 환도상어는 몸길이가 6미터나 돼.

마귀상어

지구상에서 이렇게 기괴하게 생긴 동물은 또 없을 거야!

길고 납작한 주둥이

마귀상어는 먹이를 사냥할 때 입 밖으로 턱을 쭉 내밀 수 있어. 턱이 탄력 있는 인대에 붙어 있어서, 마치 새총의 고무줄을 당겼다가 놓았을 때처럼 빠르게 움직일 수 있거든.

먹잇감을 붙잡기 쉬운 날카로운 이빨

몸길이가 4미터까지 자랄 수 있어. 수심 270~1,300미터에서 즐겨 헤엄치곤 하지.

마귀상어는 대서양, 인도양, 태평양에서 발견되는 상어야. 옛날에 일본 어부들이 이 상어를 보고는 일본 전설에 나오는 코가 길고 뾰족한 요괴, '텐구'라고 생각했대. 그래서 이 상어는 '텐구상어'라고 불렸어. 나중에 도깨비를 뜻하는 영어 단어인 '고블린(goblin)'을 붙여서 '고블린상어'라고 불리게 되었고.

> 단지 실수였을 뿐이야!

> 나쁜 놈 아님!

백상아리는 사람을 가장 많이 해치는 상어 중 하나야. 하지만 그렇게까지 인간에게 위험한 동물은 아니야. 원래 상어는 사람을 잡아먹을 생각이 없거든. 상어가 인간을 무는 건 호기심 때문이거나 잠시 바다표범과 헷갈려서 실수하는 것뿐이야. 상어한테는 손이 없잖아. 그러니 낯선 물체를 입으로 살펴볼 수밖에 없지. 그러다 보니 의도치 않게 사람을 다치게 할 때도 있는 거고. 상어를 괴롭히다가 상어에게 물린 잠수부들이 있는데, 이건 어디까지나 상어가 정당하게 자신을 방어한 거라고!

==2018년에 상어한테 공격받아서 목숨을 잃은 사람은 모두 5명이야.==

실제로 상어보다 사람의 목숨을 더 많이 앗아가는 것들!

(진짜, 진짜임!)

음료수 자판기를 쓰다가!

1년에 평균 13명.

핫도그가 목에 걸려서!

1년에 평균 77명.

떨어지는 코코넛 열매에 맞아서!

1년에 평균 150명.

셀카 찍다가!

2015년에 12명이 자기 사진을 찍다가 사고로 죽었어.

요리조리 굴러가는 눈

> 날 따라 해 봐!

백상아리는 눈을 보호하는 눈꺼풀인 순막이 없어서 다른 방식으로 눈을 보호해. 위험을 감지하면 눈알을 뒤쪽으로 굴리지.

상어의 휴가

> 잘 있어. 좀 쉬다 올게!

4월에서 7월까지 백상아리들은 하와이와 멕시코 사이에 있는 바다 한가운데에서 만난대. 학자들은 상어가 그곳을 고른 이유를 한참 동안 알지 못했지만, 최근에 수컷 상어들이 이곳의 깊은 바다에 사는 먹잇감을 찾으려고 잠수하는 걸 보았어. 그래서 이곳을 '백상아리 카페'라고 부른다지 뭐야.

상어 그룹 5	# 수염상어목
	특징: 뒷지느러미 1개, 아가미구멍 5쌍, 등지느러미 2개, 등지느러미 가시 없음, 무늬가 있는 피부, 입이 눈 앞쪽에 있음.

수염상어목은 정말 다양한 상어들이 모인 집단이야. 인도양, 대서양, 태평양에서 흩어져 살지. 수염상어목에 속한 어떤 상어는 먹이를 감지하거나 맛을 볼 때 사용하는 촉수가 있어.

어떤 상어는 지느러미로 바다 밑바닥을 걸어 다닌대.

보모상어

보모상어는 진공청소기처럼 먹이를 빨아들여!

몸길이가 4.5미터까지 자랄 수 있어.

그다지 공격적이지 않아. 온종일 바다 밑바닥에서 잠을 자다가 밤이 되면 슬슬 일어나서 먹이를 찾아 유유히 돌아다니지.

가장 희한한 수염 상

워베공수염상어

워베공수염상어는 적극적으로 사냥에 나서지 않아. 대신 먹잇감이 가까이 올 때까지 가만히 기다리다가 튼튼한 턱과 날카로운 이빨로 잽싸게 낚아채.

나뭇가지처럼 삐져나온 저것들이 사실은 수염처럼 생긴 촉수야! 워베공수염상어는 시력이 나빠서 눈 대신 촉수를 이용해 먹잇감의 움직임을 느껴.

워베공은 호주 원주민 말로 '덥수룩한 턱수염'이라는 뜻이야.

워베공수염상어는 사람을 위협하지 않아. 사람이 실수로 건드리지만 않는다면 말이지!

나는 콧수염밖에 없는데.

몸길이는 보통 1.2미터야!

보너스 정보!

소라 껍데기를 귀에 대고 소리를 들으면 바닷소리가 날 거야. 그런데 사실 이 소리는 바닷소리가 아니야. 껍데기 바깥에서 나는 소리가 돌돌 말린 소라 껍데기 속으로 들어와서 단단한 표면에 부딪쳐 메아리치는 소리야.

무슨 소리지?

살아 있는 가장 큰 상어 상

오늘날 살아 있는 가장 큰 **상어**이자 가장 큰 **물고기**!

고래상어

고래상어는 작은 이빨이 3,000개 넘게 있지만 보통은 먹이를 통째로 삼켜 버려.

입을 아주 크게 벌리고 물을 왕창 들이마신 다음, 플랑크톤이나 작은 물고기만 걸러서 먹고 나머지는 뱉어 버리지.

몸길이가 보통 12미터 정도 돼!

와, 진짜 크다!

어린이와 고래상어의 크기를 비교해 봐!

아무도 흉내 내지 못하는 점무늬!

고래상어의 점무늬는 저마다 다 달라. 똑같은 지문을 가진 사람이 없는 것처럼 똑같은 점무늬의 고래상어는 없다는 말이지.

과학자들도 고래상어의 수명을 정확히 알지 못해. 어떤 학자는 60년이라고 하고, 어떤 학자는 150년까지 살 수 있다고 말해.

고래랑 아무 관련 없음!

고래상어는 한 번에 새끼를 300마리나 낳을 수 있어!

고래상어를 기념하는 날이 있어. 8월 30일은 '세계 고래상어의 날'이지!

나한테 무슨 선물 줄 거야?

평소에는 해수면 가까이에서 지내지만 마음만 먹으면 1킬로미터 아래까지도 잠수할 수 있어!

톱상어목

상어 그룹 6

특징: 긴 주둥이, 뒷지느러미 없음, 입이 머리 밑면에 있음.

톱상어

바다 밑바닥에서 먹이를 찾는 기다란 촉수가 2개 있어.

톱 모양의 주둥이에 돌기가 솟아 있지.

유머 코너!

- 그건 무슨 음식이야?
- 땅콩버터와 해파리 샌드위치!

속담에 나올 정도로 상어는 유명해! '상어 싸움에 새우 등 터진다.'는 속담, 들어 봤겠지?

진실: 고래 싸움에 새우 등 터진다.

사람들이 바다에 쳐 놓은 그물에 자꾸 걸려서 현재 멸종될 위기에 처했어.

다른 상어를 먹고 심지어 악어도 잡아먹어!

몸길이가 1.5미터까지 자랄 수 있어.

희한하게 생긴 주둥이로 먹잇감을 후려쳐서 기절시킨대!

보너스 정보!

이스터섬의 미스터리!

이스터섬의 거대한 모아이 석상에 대해 들어 본 적 있지? 하지만 이 섬 근처의 물속에 또 다른 미스터리가 숨어 있어. 바로 모아이 석상을 흉내 내서 만든 복제품이지. 그런데 이게 어떻게 물속에 있게 되었는지 아는 사람이 아무도 없어. 섬사람들이 관광객을 끌어들이려고 만들어 놓은 거라고 말하는 사람도 있고, 영화의 소품이었다고 말하는 사람도 있지.

상어 그룹 7

돔발상어목

특징: 짧은 주둥이, 뒷지느러미 없음, 입이 머리 밑면에 있음.

돔발상어목에 속한 상어들은 크기가 아주 작은 것부터 엄청나게 큰 것까지 아주 다양해. 세계에서 가장 작은 상어인 난쟁이랜턴상어도 돔발상어목에 속하지. 난쟁이랜턴상어는 다 자라도 몸길이가 20센티미터밖에 안 돼. 하지만 같은 무리에 있는 그린란드상어는 몸길이가 6.5미터나 되지. 돔발상어목에 속한 상어들은 다 몸통이 길고 좁고 주둥이는 짧아.

그린란드상어

헤엄치는 장면이 1995년에 처음 촬영되었고, 18년 만에야 다시 영상에 담을 수 있었어.

이런 끔찍한 일이!

기생성 노벌레

그린란드상어는 대부분 앞이 보이지 않아. 왜냐고? 5센티미터 정도의 **기생성 노벌레**가 상어의 눈에 딱 달라붙어 야금야금 눈알을 파먹으며 살기 때문이지.

그린란드상어는 무려 **400년** 넘게 살아.

드디어 도착했다!

그러니까 영국인들이 메이플라워호를 타고 신대륙인 북아메리카에 1620년에 도착했는데, 이때 태어난 그린란드상어들이 지금까지 살아 있을 수도 있다는 뜻이지!

몸길이가 6.5미터까지 자라고, 몸무게는 1톤 가까이 나가.

그랜드 피아노 2대를 합친 무게와 맞먹지!

그린란드상어는 바닷속 청소부야. 살아 있는 바다표범은 물론이고, 죽은 동물들의 사체를 먹는다고 알려졌지. 순록, 심지어 북극곰의 사체도 먹는대!

그린란드상어의 살에는 독성이 강한 효소가 있어. 이 효소 덕분에 그린란드상어는 차가운 물과 높은 수압도 견딜 수 있지. 하지만 사람이 그린란드상어의 살코기를 먹으면 큰 탈이 날 거야.

아~주아주 느리게 헤엄치는 상어

그린란드상어는 아주 느리게 헤엄쳐. 1시간에 겨우 1.6킬로미터쯤 가려나? 그래도 뭐, 민달팽이보다는 빠르니까!
(민달팽이는 빨라도 1시간에 300미터밖에 못 가거든!)

세상에! 그렇게 빠르다니!

검목상어

('쿠키커터상어'라고도 함)

이보다 별나고 괴상할 수는 없다!

몸길이 55센티미터

거의 1킬로미터까지 잠수할 수 있어.

검목상어의 아랫니는 한꺼번에 빠지거든? 그런데 그걸 한입에 꿀꺽 삼킨다지 뭐야!

배에서 빛이 난다고?

검목상어는 배에서 빛이 나. 그래서 밑에서 헤엄치던 먹잇감들이 달빛인 줄 알고 깜빡 속곤 하지. 이 빛은 상어가 죽고 나서도 무려 3시간이나 사라지지 않는대.

'쿠키커터상어'라는 이름이 좀 이상하지? 이 상어가 먹잇감의 살점을 한 입 뜯어내면, 그 자국이 꼭 쿠키 반죽을 둥근 틀로 찍어낸 것처럼 생겼기 때문에 이렇게 부른다고 해.

먼저 입을 흡착판처럼 먹잇감에 갖다 붙여. 그런 다음 몸을 회전하면서 이빨로 동그랗게 먹잇감의 살점을 잘라내지. 지름 5센티미터, 깊이 6센티미터 정도로 말이야. 그런데 참 겁도 없지. 고래, 돌고래, 바다표범, 참치, 황새치, 청새치처럼 자기보다 몸집이 큰 동물을 즐겨 문대! 심지어 백상아리한테도 이빨을 들이댄다니까?

이 상어들은 잠수함에도 문제를 일으키곤 해. 잠수함의 수중 음파 탐지기에 달린 고무를 물어뜯는 바람에 승무원들이 배가 어디로 가는지도 모르게 된 적이 있었다고!

가장 작은 상어 상

난쟁이랜턴상어

이 작은 상어는 다 자라도 몸길이가 20센티미터밖에 안 돼.

난쟁이랜턴상어는 우리가 아는 상어 중에서 가장 작은 종이야.

기껏해야 연필보다 조금 긴 길이지!

상어 그룹 8

전자리상어목

특징: 입이 머리 맨 앞쪽에 있음, 납작한 몸, 뒷지느러미 없음.

전자리상어는 몸이 납작하고 입은 주둥이 끝에 있어. 눈과 분수공(공기나 물이 드나드는 작은 구멍)은 머리 꼭대기에 달렸는데, 바다 밑바닥 진흙 속에 숨어 있을 때 분수공을 스노클 장치처럼 사용해서 깨끗한 물을 빨아들여. 몸길이는 1.5미터 정도이고 단순한 형태의 수염 촉수도 있어.

태평양전자리상어

가오리가 아닙니다! 이래 봬도 상어라고요!

길고 비늘 같은 이빨

분수공

사람들이 흔히 가오리로 착각하곤 해.

켈프 숲이나 산호초 근처의 바다 밑바닥에서 살아.

숨바꼭질의 달인!

전자리상어는 꼭꼭 숨어 있다가 지나가는 먹잇감을 발견하면 나타나서 사냥해. 몸에 특별한 근육이 발달해서 아가미로 직접 물을 퍼 올리기 때문에, 다른 상어처럼 산소를 얻기 위해 계속 헤엄치지 않아도 돼.

몰라도 되는 정보!

상어의 배 속에서 발견된 요상한 것들!

- 불독의 머리
- 갑옷
- 고슴도치
- 고양이
- 돈다발
- 대포알
- 자동차 타이어
- 돼지
- 말의 머리
- 못
- 유리병
- 닭장

제3장

극한의 바다 서식지

지금까지 바다에서 가장 멋진 동물인 상어에 대해 알아봤어. 그럼 이제 다른 바다 동물들이 사는 놀라운 바닷속 세계도 구경해 볼까?

바다의 열대 우림 산호초

산호초는 전체 바다에 1퍼센트도 차지하지 않지만, 바다 생물의 약 25퍼센트가 산호초를 보금자리 삼아 살고 있어. 왜 이렇게 많은 생물들이 산호초에서 사냐고? 산호초 지대는 작은 물고기들이 먹이와 숨을 곳을 찾기에 좋거든. 그리고 이 작은 물고기들은 큰 물고기들의 먹이가 되지. 그러니까 생물들이 북적거릴 수밖에!

복어

사슴뿔산호

에인절피시

부채산호

불가사리

흰동가리

산호초 바다뱀

별로 공격적인 성격은 아니지만, 아주아주 무서운 독을 갖고 있는 놈들이니 실수로라도 건드리지 않게 조심해야 해!

산호초의 세 가지 종류

얕은 바다에서 육지를 둘러싸며 발달한 '거초'

육지에서 멀리 떨어져 해안을 따라 길게 발달한 '보초'

섬이 가라앉은 뒤 고리 모양으로 남은 '환초'

보초는 넓고 거친 바다로부터 물이 얕은 지역을 보호해. 또 물을 깨끗하게 걸러 주는 역할도 하지. 그래서 바다 생물들이 살기에 참 좋은 곳이야.

어떤 산호초는 5000만 년 전에 만들어졌어!

세계에서 가장 큰 산호초는 바로

그레이트 배리어리프!

전체 길이가 무려 2,300킬로미터나 된다지? 지구에서 가장 큰 살아 있는 구조물이야. '대보초'라고도 해.

산호는 무려 **4억 년** 전부터 지구에 살았어!

산호는 아주 천천히 자라. 1년에 고작 몇 센티미터밖에 안 크지.

산호는 식물일까, 동물일까?

산호는 해파리, 말미잘과 친척뻘인 동물이야. 입과 부드러운 촉수가 있지. 해파리와 다르게 산호는 물속에서 떠돌아다니지 않고 한곳에 고정되어 지내는 걸 좋아해. 산호는 다 같이 모여서 커다란 무리를 이루어 지내. 그리고 죽으면 껍데기가 남는데, 이렇게 산호의 껍데기가 자꾸자꾸 쌓여서 산호초라는 지형을 이루는 거야.

항아리해면

항아리해면은 산호초 주변에 많이 살아. 카리브해에 사는 이 거대한 해면은 지름이 2.4미터까지 자라고, 무려 수백 년이나 살 수 있어.

충격 뉴스! 해변의 백사장이 물고기 똥으로 만들어졌다고?

앵무고기는 부리가 엄청 튼튼해서 바위도 씹을 수 있어! 석회암과 산호를 크게 한입 베어 물고는 아주 잘게 으스러뜨리지. 산호는 먹고 작은 석회암 조각은 똥으로 배출해.

다시 말해 아름다운 백사장을 이루는 성분 중에 앵무고기의 똥이…… 상당히 많다는 뜻이지!

앵무고기 한 마리가 1년에 모래를 450킬로그램이나 만들 수 있대! 그랜드 피아노 1대의 무게와 맞먹는 어마어마한 양이지!

콧물 갑옷을 입은 물고기가 있다고?

흰동가리와 말미잘은 바닷속 짝꿍이라고 불려. 말미잘은 촉수에서 독이 나오는데, 흰동가리의 피부는 몸을 보호하는 점액질로 덮여 있어서 말미잘의 촉수에도 끄떡없거든. 마치 콧물 갑옷을 입은 것처럼 말이야!

덕분에 흰동가리는 포식자를 피해 말미잘의 촉수 안에 숨을 수 있어. 그 대가로 흰동가리는 말미잘에게 먹이를 제공하고, 말미잘의 몸을 청소해 주기도 해.

바닷속 울창한 켈프 숲

바다에는 아주 큰 해조류들이 살고 있어. 다시마나 미역 같은 것들 말이지. 해조류는 다른 식물들처럼 광합성을 하지만, 우리가 흔히 보는 육상 식물과는 다른 종류야. 해조류는 물속에 살고 또 아주아주 크게 자라기도 해. 그중에서 '켈프'라고 부르는 해조류는 어찌나 크고 빽빽하게 자라는지, 물속에서 숲을 이룬대.

가장 큰 켈프 숲은 미국 알래스카주와 캘리포니아주의 가까운 바다에 있어.

어떤 해조류들은 햇빛이 비치기만 하면 물속 40미터 아래에서도 살 수 있어. 그리고 50미터까지도 길게 자라. 이 정도 길이면 프랑스 파리에 있는 개선문의 높이와도 맞먹는다고 할 수 있지!

신기한걸!

켈프는 제일 아랫부분에 뿌리처럼 생긴 부착기를 사용해 바위에 달라붙을 수 있어. 이렇게 바다 밑바닥에 몸을 고정하지. 부착기는 생긴 모습은 식물의 뿌리와 비슷하지만, 식물의 뿌리처럼 영양소를 흡수하지는 않아.

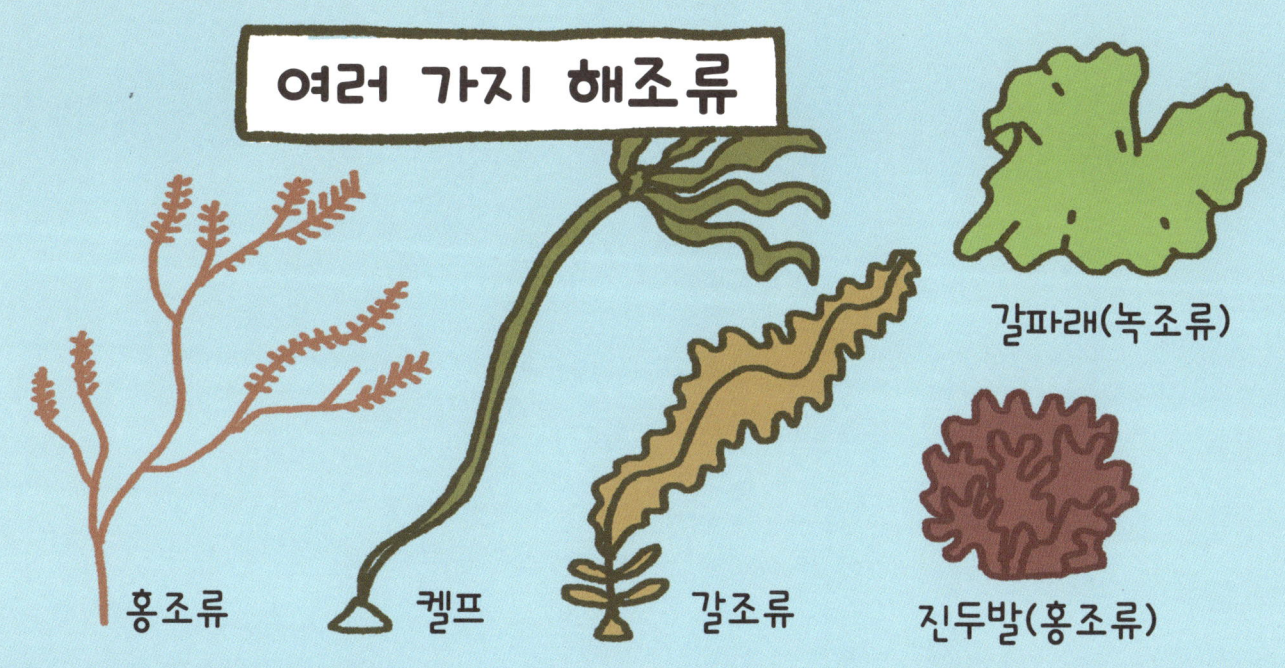

여러 가지 해조류

홍조류 · 켈프 · 갈조류 · 갈파래(녹조류) · 진두발(홍조류)

뾰족뾰족한 성게

이건 바늘 방석이 아니야! '성게'라는 작은 동물이라고!

켈프를 먹을 때 사용하는 이빨이 숨어 있어.

불가사리랑 친척 사이임.

날카로운 바늘 같은 가시로 덮여 있어!

해달은 성게를 아주 좋아해. 그래서 바다 밑으로 내려가서 성게를 집어 들고 수면 위로 올라와서는 돌멩이로 부수어 먹곤 해. 저 뾰족한 가시 안에 해달이 좋아하는 부드러운 속살이 있거든!

아주아주 깊은 바다

자, 이제 숨을 크게 들이마셔 봐. 아주 깊은 바닷속으로 들어갈 거니까. 빛이 거의 들어오지 않는 저 깊은 물속에도 생명체는 있어. 세상에서 가장 희한하고 멋진 동물들이 살고 있지!

약광층 (200~1,000미터)

샛비늘치

샛비늘치는 낮에는 포식자들의 눈에 띄지 않으려고 약광층에 머무는 걸 좋아해. 하지만 밤이 되면 450미터쯤 헤엄쳐 올라와 해수면 가까이에서 해조류나 플랑크톤을 먹고 다시 내려가곤 해. 이건 미국의 엠파이어 스테이트 빌딩보다 더 높이 올라갔다가 내려가는 거나 마찬가지야. 게다가 이 물고기는 몸길이가 아무리 길어도 30센티미터를 넘지 않아. 그러니 한 번 왔다 갔다 하는 데 6시간이나 걸리지. 바다에서 매일 이렇게 6시간씩 왕복하는 걸 보고, 학자들은 '지구에서 가장 거대한 이동'이라고 말했어.

이것 좀 봐!

산갈치

다른 물고기들과 달리 비늘이 없어.

경골어류(뼈가 딱딱한 물고기류) 중에서 가장 몸길이가 길어. 무려 11미터까지 자라지! 하지만 무서워할 필요 없어. 해파리나 크릴이 아니라면 먼저 건드리지 않으니까.

빛을 내는 동물들

깊은 바다에 사는 많은 동물들은 먹이를 유인하는 독특한 방법을 사용해. 몸에 있는 발광 기관이 빛을 내는 거지. 이런 능력을 부르는 말이 있어. 바로,

생물 발광!

안녕! 나는 인사성이 '밝은' 물고기야. 성격도 '밝고'.

몸 곳곳에서 푸른빛을 발산해. 하지만 몸을 숨겨야 할 때는 푸른빛을 끌 수도 있어.

반디오징어

몸길이가 고작 8센티미터야.

긴 촉수는 빨판이 뒤덮고 있어.

독사고기

등에 솟은 긴 가시 끝에서 빛이 나와 먹잇감을 유인해.

안이 들여다보이는 투명한 피부를 갖고 있어.

위장이 평소의 2배까지 늘어날 수 있어.

바늘처럼 길고 뾰족한 이빨로 먹잇감을 꽉 물지.

더 깊은 암흑 지대

무광층 (1,000미터 이하)

장님새우

앞을 전혀 볼 수 없어.

보기보다 그렇게 무섭지는 않아.
몸길이가 2.5~3센티미터밖에 안 되거든.

초롱아귀

촉수 끝에 달린 발광 기관 안에
빛을 내는 박테리아가 살고 있지.

수컷에 비해 암컷이 훨씬 커!
암컷의 몸길이는 보통
60센티미터이지만,
수컷의 몸길이는 보통
4센티미터밖에 안 돼!

몸길이가 30센티미터까지 자라.

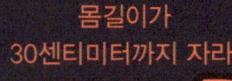

흡혈오징어

다리 사이의 물갈퀴가 뱀파이어의 망토처럼 펼쳐지고 몸의 색깔이 붉어서 이런 이름이 붙었어.

1주일에 밥을 몇 끼밖에 안 먹어.

흡혈오징어는 놀라거나 겁을 먹으면 다른 오징어들처럼 먹물을 뿜는 대신, 점액질을 쏜대. 어떨 땐 무려 10분이나 계속 쏘아 대는데, 덕분에 도망갈 시간을 벌 수 있지. 흡혈오징어는 그렇게 빨리 헤엄치지 못하거든.

몸길이가 1.8미터까지 자랄 수 있어.

풍선장어

입의 크기가 워낙 커서 먹잇감을 한입에 집어삼킬 수 있어.

덤보문어

만화 속 주인공 코끼리 '덤보'랑 닮아서 이런 이름이 붙었어.

코끼리 귀처럼 생긴 지느러미를 사용해서 물속을 헤엄쳐 다녀.

보통은 몸길이가 30센티미터쯤 되는데, 1.5미터나 되는 거대한 놈이 발견된 적도 있어.

심해 등각류

몸길이가 75센티미터까지 자라. 아래에 있는 사람의 손과 크기를 비교해 보렴!

누가누가 더 클까?

이렇게 깊고 어두운 무광층에 사는 동물들은 대부분 크기가 아주 작지만, 이곳에도 거대한 놈들이 살고 있어.

향유고래

해수면 가까이에 사는 걸 좋아하지만, 대왕오징어를 찾아 아주 깊이 잠수할 때도 있어!

오징어라면 종류를 가리지 않고 즐겨 먹어. 하루에 800마리나 잡아먹기도 하지!

향유고래의 기름으로는 '경랍'이라고 하는 물질을 만들어. 경랍은 석유램프가 개발되기 전 1700년대까지 양초나 등불의 연료로 쓰였어.

몸무게가 무려 60톤까지 나가. 티라노사우루스보다 9배나 더 무겁다는 뜻이야!

숨을 무려 90분이나 참을 수 있다지?

딸깍거리는 커다란 소리로 다른 향유고래들과 이야기를 나눈대!

꼼짝 마! 내가 잡아먹어 주마!

얼른 가서 겨울 외투 가져와! 우린 지금부터 아주 추운 곳으로 갈 테니까.

극지방의 바다 동물들

오들오들!

남극과 북극의 겨울은 햇빛이 거의 들지 않아. 그러다 보니 기온이 매우 낮게 떨어지고 바다 위에 아주 커다란 얼음 지역이 만들어지곤 해. 어찌나 추운지 남극에서 영하 92도를 기록한 적도 있어! 하지만 여름에 햇빛이 들기 시작하면 빙하가 녹고 플랑크톤이 많이 자라. 그러면 플랑크톤을 먹는 다른 바다 동물들도 다시 모여들지.

음, 맛있다!

다른 돌고래나 고래도 잡아먹어서 '킬러 고래'라는 별명이 붙었어.

물고기, 펭귄, 북극곰, 심지어 백상아리까지 잡아먹어! 바다표범 정도는 한입에 꿀꺽 삼키지.

몸무게가 거의 9톤이나 나간다고!

등지느러미 뒤에는 마치 말 위에 얹는 안장처럼 생긴 작은 회색 얼룩이 있어.

사실 범고래는 고래가 아니야. 대형 돌고래에 속하지.

몸길이가 10미터까지 자랄 수 있어.

인간을 죽였다고 알려진 범고래는 모두 사육 중인 범고래들이었어. 야생에 사는 놈들 중에는 인간을 해쳤다는 기록이 없지.

벨루가

다른 고래들과 다르게 벨루가는 머리를 돌릴 수 있어.

벨루가는 노래하는 걸 좋아해! 그래서 '바다의 카나리아'라는 별명이 있지! (카나리아는 노랫소리가 아름다운 새라는 건 알지?)

'벨루가'라는 이름은 흰색이라는 뜻의 러시아어, '비엘로(bielo)'에서 유래했어. '흰돌고래'라고도 불려.

랄라라~ 라라~

몸길이는 4미터 정도 돼.

2009년에 다리에 쥐가 나서 움직이지 못하는 잠수부를 한 벨루가가 구해 준 일이 있었어. 잠수부의 몸을 밀어서 물 위까지 올려 줬다지 뭐야!

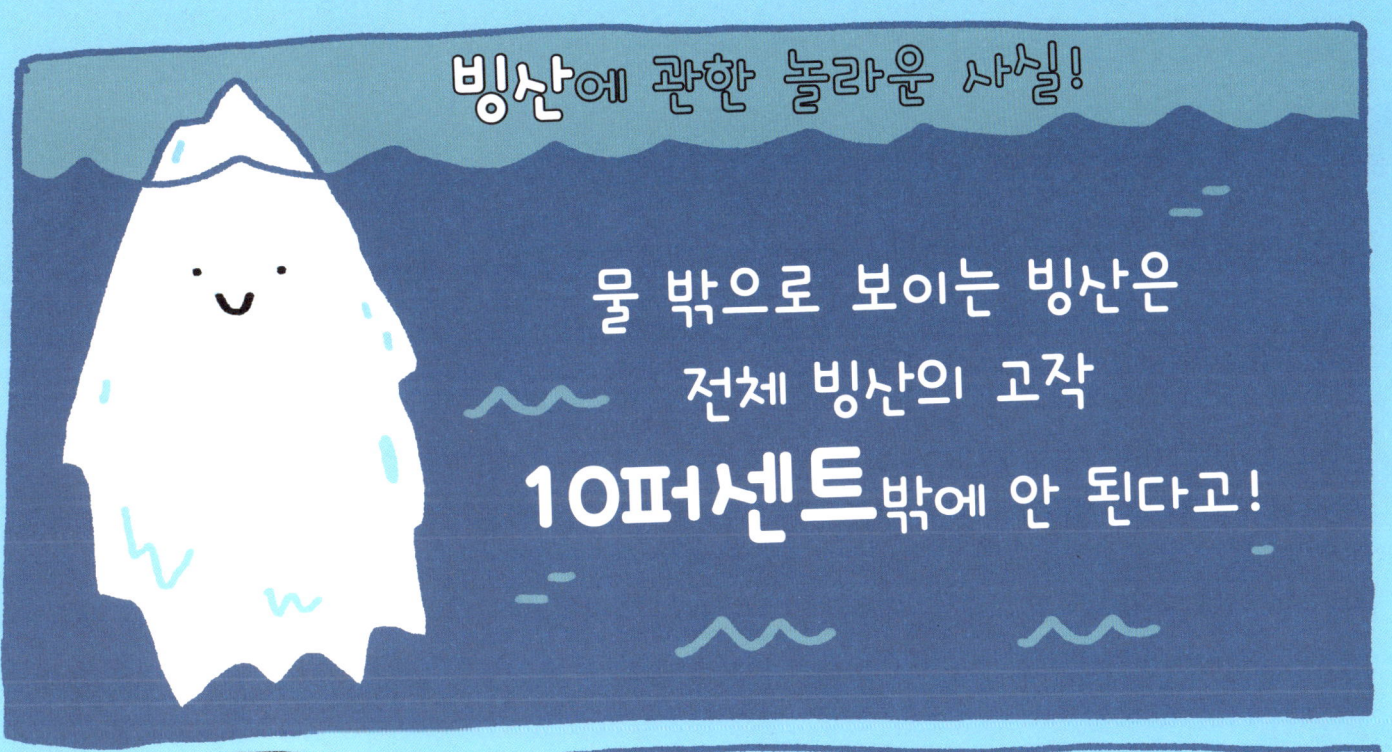

뜨거운 물이 퐁퐁 솟아나는 열수 분출공

블랙스모커

공장의 높은 굴뚝처럼 보이지? 하지만 이 검은 구멍은 열수 분출공이야. 바닷물이 지각판 경계의 갈라진 틈으로 들어갔다가 뜨거운 마그마에 데워져 다시 바다로 솟구쳐 나오면서 만들어지지. 여기서 솟은 물은 온도가 340도나 된대.

어때? 끔찍하게 뜨거워서 아무도 못 살 것 같지? 하지만 이런 곳에서도 살아가는 동물들이 있어!

폼페이벌레

열수 분출공 근처에 판을 고정하고 그 안에 살아. 길이는 13센티미터쯤 돼.

관벌레

2미터까지 자랄 수 있어.

열수 분출공 지역에 사는 거대한 관벌레로, 지렁이와 같은 환형동물에 속해.

높이가 무려 55미터나 되는 열수 분출공도 있어. 이탈리아에 있는 피사의 사탑과 높이가 맞먹지!

제4장

아주아주 히한하고 치명적인 바다 동물들

경고!
조심하시오.

청자고둥

청자고둥의 치설에는 사람을 죽일 수 있을 만큼 강한 독침이 있어. 작은 물고기들이 다가오면 독침을 쏘아 움직이지 못하게 만든 뒤 잡아먹지.

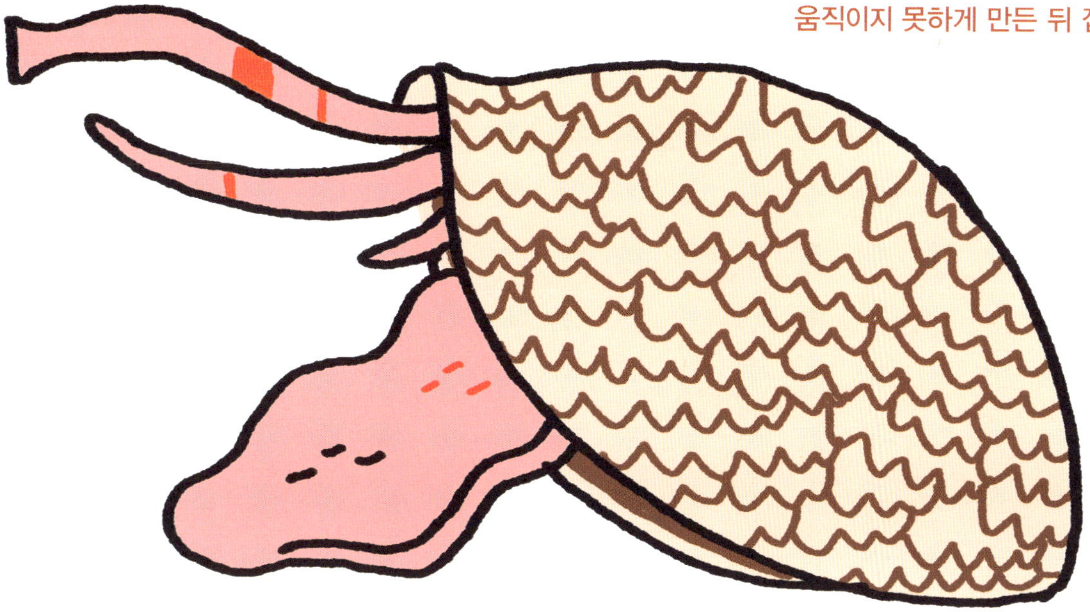

열대 바다의 산호초에서 많이 살아.

두꺼비고기

두꺼비의 울음소리와 비슷한 소리를 내. 생김새도 두꺼비를 닮았고.

먹잇감이 나타나면 지느러미에 달린 속이 빈 가시로 독을 쏘지.

껍껍껍!

몸길이는 약 40센티미터야.

인도네시아동갈치

몸길이 최대 90센티미터!

상어처럼 사나운 이빨이 있는 기다란 입

인도네시아동갈치는 밤낚시를 하는 어선의 불빛을 보면 물 위로 튀어 올라 공격한대.

말미잘

말미잘은 예쁜 꽃처럼 보이지만 사실은 무시무시한 동물이야. 촉수에 치명적인 독을 갖고 있지.

아무것도 모르고 말미잘의 옆을 지나던 물고기가 독이 든 촉수의 공격을 받으면 몸이 마비돼!

촉수들 사이에 입이 있는데, 말미잘에게는 입이 곧 항문이야!

문어

파란고리문어는 사람을 마비시킬 정도로 강한 독을 갖고 있어.

문어는 2억 9600만 년 전에 지구에 나타났대!

문어는 위장의 달인이야. 주위 환경에 맞춰 몸 전체의 색깔을 바꿀 수도 있어.

위험이 닥치면 검은 먹물을 뿌려 포식자의 시야를 혼란스럽게 만들어. 그러고는 재빨리 도망가지.

엄청나게 똑똑한 동물

문어의 뇌는 무척추동물 가운데 가장 복잡해. 그만큼 영리하다는 뜻이야. 그래서 문어는 '무척추동물계의 천재'라고 불리곤 하지. 문어는 훈련을 받으면 다리로 병뚜껑을 열 수도 있고 미로를 통과할 수도 있어. 한 번 어떤 문제를 해결하면 기억해 뒀다가 나중에 같은 문제를 쉽게 해결하기도 하고, 시행착오를 통해 문제 해결 방법을 익히기도 하지. 또 적과 같은 편을 구분해서 적에게는 먹물을 세게 뿜고, 같은 편에게는 장난을 치기도 해.

문어는 심장이 3개야.

피가 파란색이야.

다리가 8개야.

문어는 다리의 빨판에 있는 세포로 촉감과 맛을 느껴! 다리로 감싼 것이 먹이인지 아닌지 구분할 수 있지.

문어는 5억 개 이상의 신경 세포를 갖고 있어. 그리고 신경 세포의 3분의 2 이상이 다리에 있지!

노랑가오리

알고 보면 상어의 친척!

몸집이 큰 놈들은 너비가 2미터나 된대.

턱의 힘이 어찌나 센지 조개껍데기를 으스러뜨려서 열 수 있어.

이름은 노랑가오리지만 몸은 푸른 갈색이야.

↑ 길고 뾰족한 꼬리에 독 가시가 달렸어!

이가 아프다고? 그럼 노랑가오리의 독이 도움이 될 거야! 고대 그리스에서는 치과의사들이 노랑가오리의 독을 이용해 치통을 치료했거든.

음……, 난 괜찮아.

정말 쇼킹하다!

어떤 가오리들은 전기 에너지를 몸에 저장했다가 포식자가 나타나거나 먹잇감을 사냥할 때 전기를 일으켜. 전기뱀장어처럼 말이지.

해파리

해파리는 몸의 98퍼센트가 물이야.

해파리의 촉수에는 치명적인 독침이 있어!

해파리는 공룡보다도 몇억 년 전에 진화했어.

해파리는 물고기가 아니야! 영어로 해파리는 '젤리피시(jellyfish)'라고 부르지만, 점점 많은 학자들이 '시젤리(sea jelly)'라고 부르고 있어. '피시(fish)'라는 이름 때문에 해파리를 물고기라고 착각하는 사람들이 많기 때문이지. 같은 이유로 불가사리도 '스타피시(starfish)' 대신에 '시스타(sea star)'라고 부르기 시작했어!

해파리는 눈, 코, 귀 같은 감각 기관이 없어. 그리고 뇌와 심장도 없지.

어떤 해파리는 촉수의 길이가 30미터나 돼.

1990년대 이후로 미국 항공우주국(NASA)에서는 해파리를 우주로 보내서 무중력 상태가 어떤 영향을 미치는지 연구하고 있어.

해파리는 입이 정말 중요해. 입으로 먹기도 하고 똥도 싸니까!

1년에 적어도 100명의 사람들이 해파리의 독침에 쏘여서 목숨을 잃고 있어. 해파리가 상어보다도 더 많은 사람을 죽인다는 뜻이지.

해파리 사탕?

일본의 어느 바다 도시에는 해파리를 잡아다가 끓여서 사탕으로 만드는 사람들이 있어. 해파리가 너무 많아지자 수를 줄이려고 특별한 방법을 생각해 낸 거지!

나는 사실 해파리가 아니야!

고깔해파리
('작은부레관해파리'라고도 해.)

고깔해파리에 쏘이면 벼락을 맞은 것처럼 아프대. 사람이 쏘이면 마비될 수도 있어.

고깔해파리는 전 세계의 따뜻한 바다에서 발견돼. 1,000마리가 떼를 지어 출몰할 때도 있어!

해파리와 비슷하게 생겼고 이름에도 '해파리'가 들어가서 사람들이 착각하지만, 사실 고깔해파리는 해파리가 아니야. 수많은 작은 개별 생물들이 모여서 만든 **군체**이지! 각각은 혼자 살 수 없어서 여럿이 함께 팀을 이루고 사는 거야.

촉수는 무려 50미터까지 자랄 수 있어.

아야! 따가워!
고깔해파리는 촉수를 떼어 낸 뒤에도 며칠 동안은 독을 쏠 수 있으니 조심해야 해!

대왕고래

세계에서 **가장 큰** 동물 상

지구에서 지금까지 살았던 모든 동물 가운데 가장 커!

혀의 무게만 해도 코끼리의 무게와 맞먹어!

몸길이가 최대 **33미터**까지 자랄 수 있어.

그럼 볼링장 레인보다 훨씬 길다는 말이잖아!

시속 **32킬로미터**로 헤엄칠 수 있어.

대왕고래의 심장은 크지만 느려!

대왕고래의 심장은 길이가 1.5미터, 너비가 1.2미터 정도 돼. 심장의 크기가 승용차의 크기와 맞먹지. 대왕고래의 심장은 1분에 고작 8~10번밖에 안 뛰어. 사람의 심장은 1분에 60~100번을 뛰는데 말이지.

100살 까지 살 수 있어!

몸무게가 최대 **200톤** 까지 나간대!

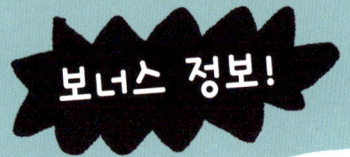

신기하고 놀라운 고래 상식!

물속에서는 소리가 더 빨리 이동한다고?

물속에서는 소리가 물 밖에서보다 4배나 더 빨리 이동해. 그래서 어떤 바다 동물들은 아주 멀리 떨어져 있어도 서로 무리 없이 이야기를 나눌 수 있어.

"우리 엄마는 휴대 전화를 절대 안 사 주실 거야."

혹등고래

어떤 혹등고래들은 2만 4,000킬로미터나 떨어져 있어도 서로의 소리를 들을 수 있어! 이 거리는 지구를 5분의 3바퀴 정도 도는 것과 같아. 중국 만리장성 길이의 2.5배나 되고, 미국 로스앤젤레스에서 뉴욕까지 거리의 5.5배나 될 정도로 엄청난 거리지!

고래의 토사물로 향수를 만든다고?

향유고래가 토를 하면 회색 왁스 같은 물질이 나와. 이것을 '용연향'이라고 부르는데, 처음에는 그 냄새가 똥에 버금갈 정도로 지독해. 하지만 바다 위를 한참 떠다니거나 바싹 마르고 나면 달콤하고 아름다운 향이 나기 시작해. 사람들은 이걸 모아서 향수를 만드는 데 사용하곤 했어. 지금은 향유고래가 멸종 위기에 처하면서 용연향도 아주 귀해졌지.

고래 이빨로 만든 예술 작품이 있다고?

1700년대에는 선원들이 배를 타고 긴 항해를 하는 동안 고래 이빨에 그림을 그리면서 시간을 보냈어. 이렇게 선원들이 만든 예술 작품을 '스크림쇼'라고 불러. 칼이나 못처럼 날카로운 도구로 단단한 고래 이빨의 표면을 긁어서 그림을 그렸지. 보통 배나 선박 장비들이 많이 그려져 있어. 그때는 고래 이빨을 쉽게 구할 수 있었지만, 지금은 고래 이빨을 사고파는 게 금지되었어. 하지만 플라스틱으로 된 가짜 고래 이빨을 이용해서 법을 어기지 않고도 얼마든지 스크림쇼를 만들 수 있어!

육지에도 대왕고래의 먼 친척이 살아. 누군지 알아? 바로 **하마**래!

바로 앞쪽에 나왔던 대왕고래의 꼬리야!

앞에서 다 그린 거 아니었어? 그놈 몸집 한번 크구먼!

나도 저렇게 커 봤으면……

가장 못생긴 외모 상

블롭피시

블롭피시는 바닷속 600~1,200미터에서 사는 걸 좋아해. 물 밖에서는 피부가 흐늘흐늘 축 늘어져서 이상해 보이지만, 이건 블롭피시가 물 밖에 나오면 부력을 받지 못해 몸무게에 눌리기 때문이야. 깊은 바다에서는 다른 모습을 하고 있지.

부레는 물고기가 물속에서 떠 있을 수 있게 돕는 공기 주머니야. 그런데 블롭피시는 부레가 없어. 그 대신 젤리 같은 피부가 물보다 낮은 밀도를 유지하기 때문에 물속에서 둥둥 떠다닐 수 있지.

게나 조개 등을 먹고 살아. 단단한 뼈나 이빨이 없기 때문에 나서서 사냥하지는 못해. 대신 조용히 기다렸다가 방심하고 지나가는 먹잇감을 노리지!

아주 깊은 바닷속에서 살도록 몸이 적응했기 때문에 얕은 바다에서는 살지 못해.

몸길이는 30센티미터

오스트레일리아와 뉴질랜드 근처의 깊은 바다에서만 사는 아주아주 귀한 물고기야.

2013년에 못생긴 동물 보호 협회에서 선정하는 **'최고로 못생긴 동물'**로 뽑혔어.

정말 너무하다!

개복치

가끔 이 윗지느러미를 물 밖에 내놓고 헤엄칠 때면 사람들이 상어인 줄 알아!

몸길이는 최대 3.3미터나 돼!

안녕, 개복치!

몸무게가 보통 900킬로그램이나 나가.

지느러미가 매우 특이하게 생겼어.

딱총새우

대왕고래는 아주 시끄러운 동물이야. 몸집이 아주 큰 만큼 당연히 소리도 엄청나게 크게 내지. 그런데 그거 알아? 바다에서 제일 시끄러운 동물의 자리를 두고 대왕고래와 경쟁하는 녀석이 있다는 거! 아마 누군지 짐작도 못 할 걸? 그 주인공은 바로, 딱총새우야!

빵!

딱총새우는 몸길이가 2.5~5센티미터밖에 안 되는 아주 작은 동물인데 한쪽 발에는 커다란 집게발이 달렸어. 이 집게발 안에서 거품이 만들어지는데, 거품이 터질 때 엄청나게 큰 소리가 나면서 온도가 순식간에 올라가. 10,000도까지 올라간다고 말하는 학자들도 있어. 딱총새우는 이 방법으로 먹잇감을 기절시킨대!

민물 속 공포 체험

지금까지 우리가 이 책에서 살펴본 동물들은 모두 염분이 높은 바닷물에 사는 동물들이었어. 그렇다고 민물에 사는 멋진(그리고 무서운) 동물들을 빼놓을 순 없지!

물거미

유럽, 아시아에서 발견되는 동물이야.

거미 중에서 유일하게 물속에서만 산다고 알려졌어.

물거미도 숨을 쉬려면 공기가 필요해. 그래서 가끔 수면 위로 올라와서 작은 공기 방울을 몸의 털에 붙이고는 다시 물속으로 내려간대.

물거미에게 물리면 정말 아프고 열이 많이 나.

마타마타거북

4개의 발에는 각각 물갈퀴가 달린 5개의 발톱이 있어.

몸무게는 15킬로그램까지 나가.

가만히 앉아서 먹잇감이 지나가길 기다렸다가 물고기를 한입에 삼키지.

남아메리카에서 살아. 물속에 사는 이 거북은 마치 나뭇조각처럼 생겨서 포식자의 눈을 속일 수가 있어.

이름이 재미있네!

피라냐!

남아메리카의 호수나 아마존강 등에서 살아.

식물도 먹고 동물도 먹고 살지만, 먹을 것이 없을 때면…… 자기들끼리 서로 잡아먹는대!

몸길이는 최대 60센티미터!

엄청나게 날카로운 **삼각형 이빨!**

피라냐는 주로 무리를 지어 다녀.

세상에! 물고기가 소를 잡아먹는다고?

루스벨트 전 미국 대통령은 아마존강에서 피라냐 떼에 소 1마리가 통째로 잡아먹히는 걸 봤어. 알고 봤더니 한 어부가 피라냐 떼를 일부러 며칠 동안 굶겨서 벌인 쇼였다나! 아무튼 피라냐 떼가 습격하면 매우 위험해!

파야라

별명은 '뱀파이어 물고기'!

피라냐를 잡아먹는대!

길고 날카로운 이빨

몸길이는 50센티미터까지 자라.

제5장

상어와 바다 동물들을 구해 줘!

바다는 여러분의 도움이 필요해요!

지금까지 이 책을 잘 읽었다면 상어가 꽤 무서운 동물이긴 하지만 사람에게는 그다지 위험하지 않다는 걸 알게 됐을 거야. 물론 상어가 사람을 공격할 때도 있지만 그건 아주 드문 일이야. 사람이 상어를 자극했거나 아니면 상어가 사람을 먹잇감으로 착각했을 때만 그런 일이 일어나지.

사실 위험에 처한 건 사람이 아니라 상어야. 사람들이 상어를 많이 사냥하는 바람에 상어가 멸종할지도 모르게 됐거든! 백상아리, 청상아리, 돌묵상어, 고래상어 등은 이미 멸종 위기에 처했어. 그리고 이건, 다른 바다 동물들도 마찬가지야.

바다와 바다에 사는 동물들은 정말 멋지고 대단해. 하지만 이제는 우리의 도움이 필요해!

플라스틱 문제가 아주아주 심각해!

안타깝게도 바다에는 정말 많은 쓰레기가 있어. 그중에서도 요구르트 컵이나 샴푸 통처럼 한 번 쓰고 버리는 일회용 플라스틱이 가장 큰 문제야. 왜냐하면 종이나 나무와 달리 플라스틱은 잘 분해되지 않거든.

모든 바다거북의 몸에서, 그리고 60%가 넘는 바닷새들의 몸에서 플라스틱이 발견된다고 해. 바다 동물들은 플라스틱 조각이 먹이인 줄 알고 먹는 거야. 그러면 그 동물을 먹은 사람의 몸에도 미세한 플라스틱이 쌓이게 되겠지. 어떤 물고기들은 실수로 1년에 약 1만 1,000개의 플라스틱 조각을 삼킨대.

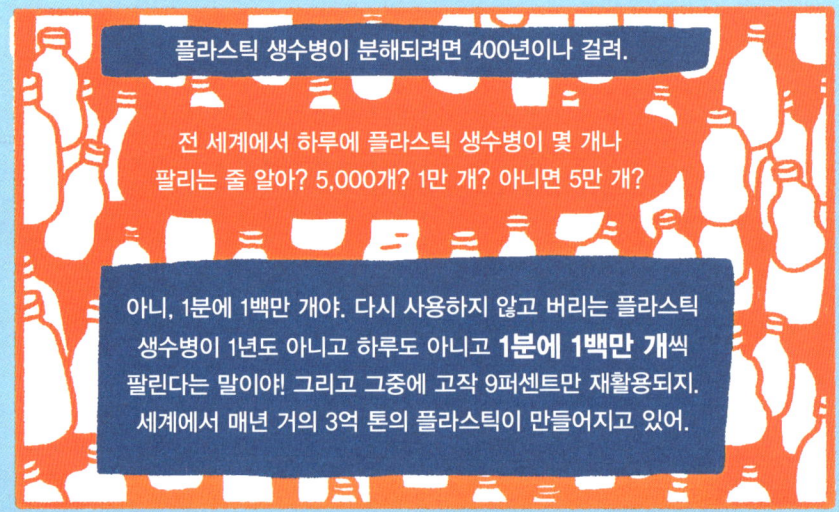

플라스틱 생수병이 분해되려면 400년이나 걸려.

전 세계에서 하루에 플라스틱 생수병이 몇 개나 팔리는 줄 알아? 5,000개? 1만 개? 아니면 5만 개?

아니, 1분에 1백만 개야. 다시 사용하지 않고 버리는 플라스틱 생수병이 1년도 아니고 하루도 아니고 **1분에 1백만 개씩** 팔린다는 말이야! 그리고 그중에 고작 9퍼센트만 재활용되지. 세계에서 매년 거의 3억 톤의 플라스틱이 만들어지고 있어.

2050년이 되면 바닷속에는 물고기보다 플라스틱이 더 많아질 거래! 하지만 그렇게 되지 않게 막을 수 있어!

바다를 구하기 위해 우리가 할 수 있는 일!

1 "나에 관해 나도 몰랐던 사실들이!"

바다와 바다 동물들에 관한 책을 읽는 건 바다를 구하는 아주 좋은 출발점이야. 바다에 대해 알아야 바다를 구할 수 있으니까! 그런 의미에서 이 책을 읽는 너희들, 아주 훌륭해!

2 재활용을 하면 플라스틱이 바다에 버려지는 걸 막을 수 있지.

3 풍선을 불지 말아 줘! 바다 동물들이 바람 빠진 풍선이 먹이인 줄 알고 삼키다가 숨이 막혀 죽곤 하거든. 또 풍선 끈은 작은 동물이나 새의 목을 칭칭 감아서 아프게 해.

4 시장이나 마트에 장을 보러 갈 때는 여러 번 사용할 수 있는 가방을 가져가도록! 비닐봉지 사용을 줄일 수 있으니까.

5 해변을 청소하는 봉사 활동을 해 봐! 특히 바닷가에 사는 친구들은 가까운 곳에서 해변을 청소하는 프로그램이 있는지 찾아보렴.

6 소풍 갈 때는 일회용 용기나 종이컵 대신 여러 번 사용할 수 있는 도시락통과 물통 사용하기!

7 "빨대는 필요 없어!"

빨대 사용하지 않기! 세계에서 매일 사람들이 3억 9,000만 개의 빨대를 사용하고 버린대. 1년이면 1,400억 개나 되는 거야!

바다를 지키는 진짜 쉽고도 재미있는 방법이 있어!

우리가 직접 지구 곳곳을 탐험하는 거야!

안녕!

세계적으로 유명한 바다 탐험가이자 환경 운동가인 프랑스의 자크이브 쿠스토 할아버지는 이렇게 말했대.

사람들은 자기가 **사랑하는 것을 지킵니다.**

지구의 아름다운 곳곳을 직접 가서 보고 만지고 느껴 봐! 그럼 지구를 사랑하는 마음이 더 커질 거야. 지구를 사랑하는 마음이 커질수록 하나뿐인 지구를 지키고 싶은 마음도 더 커질 거고. 가까운 호수나 산, 또는 바다로 가 보는 건 어때?

여럿이 힘을 모아 바다를 지키는 방법도 있어.

바다를 지키는 일을 하는 단체들을 소개할게!

- 그린피스 – www.greenpeace.org/korea
- 한국해양과학기술원 – www.kiost.ac.kr
- 해양환경교육원 – www.merti.or.kr
- 핫핑크돌핀스 – www.hotpinkdolphins.org

제6장

상어와 바다 동물들을 그려 봐!

어렵지 않아!

상어를 멋지게 그리는 방법!
(다른 바다 동물들도!)

준비물

값비싼 미술 도구가 있어야지만 바다 동물을 멋지게 그리는 건 아니야. 내가 즐겨 쓰는 도구를 소개할게. 물론 다른 도구들도 얼마든지 환영해.

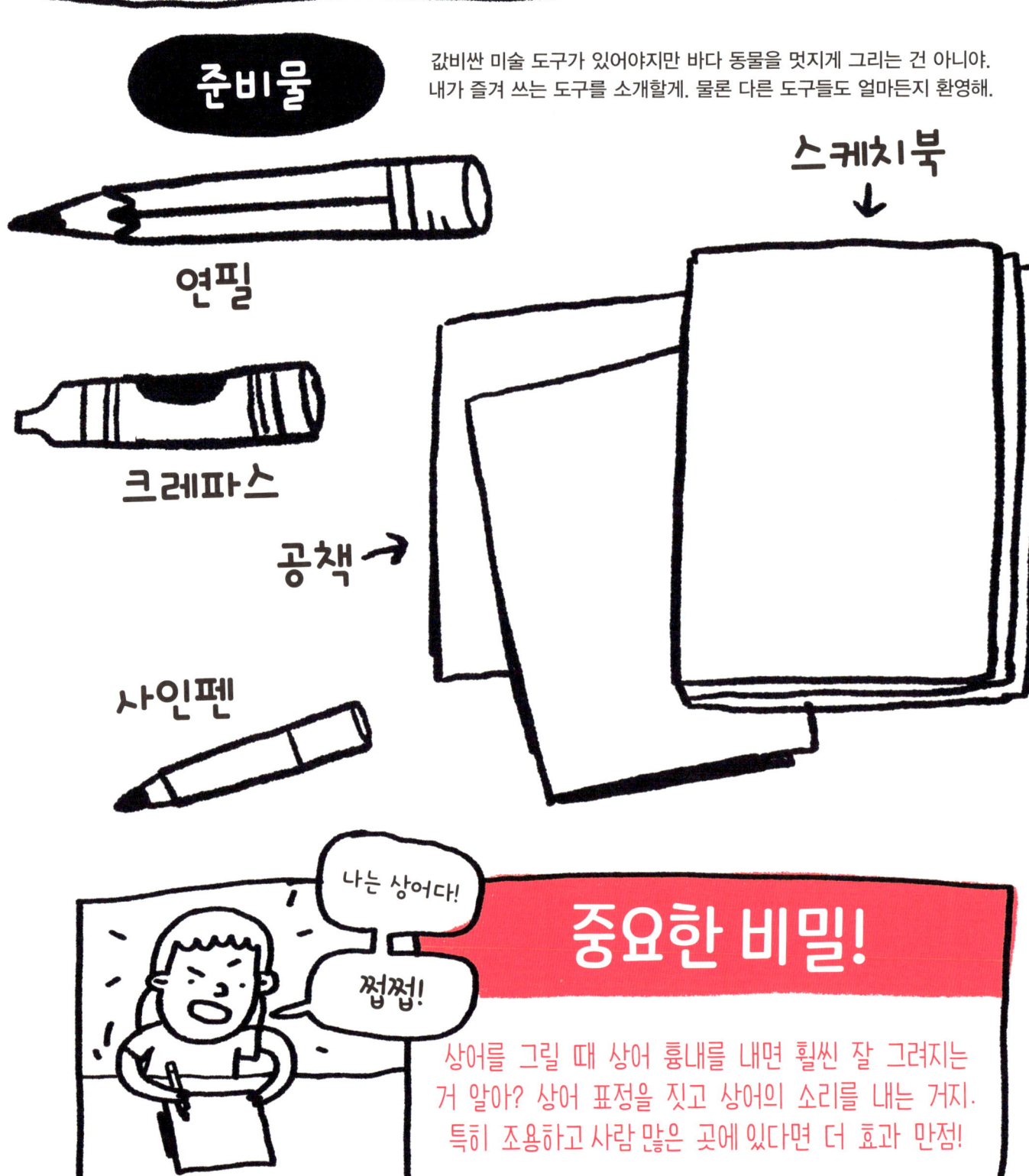

- 연필
- 크레파스
- 공책 →
- 스케치북 ↓
- 사인펜

중요한 비밀!

나는 상어다! 쩝쩝!

상어를 그릴 때 상어 흉내를 내면 훨씬 잘 그려지는 거 알아? 상어 표정을 짓고 상어의 소리를 내는 거지. 특히 조용하고 사람 많은 곳에 있다면 더 효과 만점!

백상아리

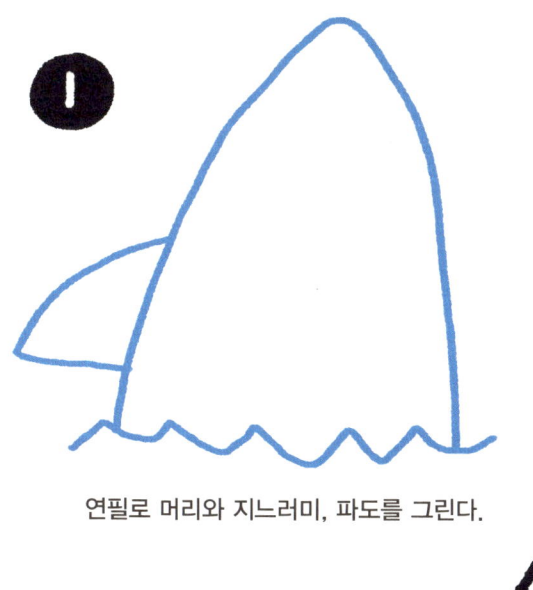

연필로 머리와 지느러미, 파도를 그린다.

이빨을 드러낸 입과 눈을 그린다.

사인펜이나 크레파스를 사용해서 연필로 그린 선을 따라 그리면 백상아리 완성!

해파리

연필로 해파리 몸의 윤곽을 그린다.

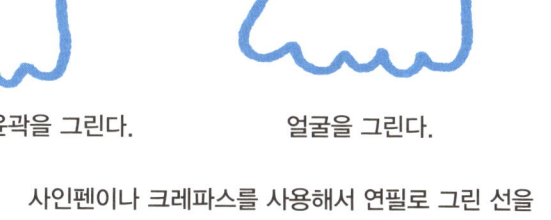

얼굴을 그린다.

사인펜이나 크레파스를 사용해서 연필로 그린 선을 따라 그리고, 꼬불꼬불한 촉수를 그리면 해파리 완성!

문어

1 연필로 큰 타원을 그리고, 그 밑에 반원을 그린다.

2 반원 밑에 구불거리는 모양으로 다리를 그린다.

3 다리는 모두 8개가 있어야 한다!

4 ❶에서 그린 타원의 아랫부분과 반원을 지운 뒤, 사인펜이나 크레파스로 남아 있는 연필 선을 따라 그린다. 얼굴을 그리면 문어 완성!

고래

1 연필로 몸통을 그린다. 꼬리도 살짝 그린다.

2 지느러미를 그리고, 분수공 밖으로 나오는 물도 그린다.

3 고래의 얼굴과 바닷물을 그린다.

4 사인펜이나 크레파스로 연필 선을 따라 그리면 고래 완성!

외뿔고래

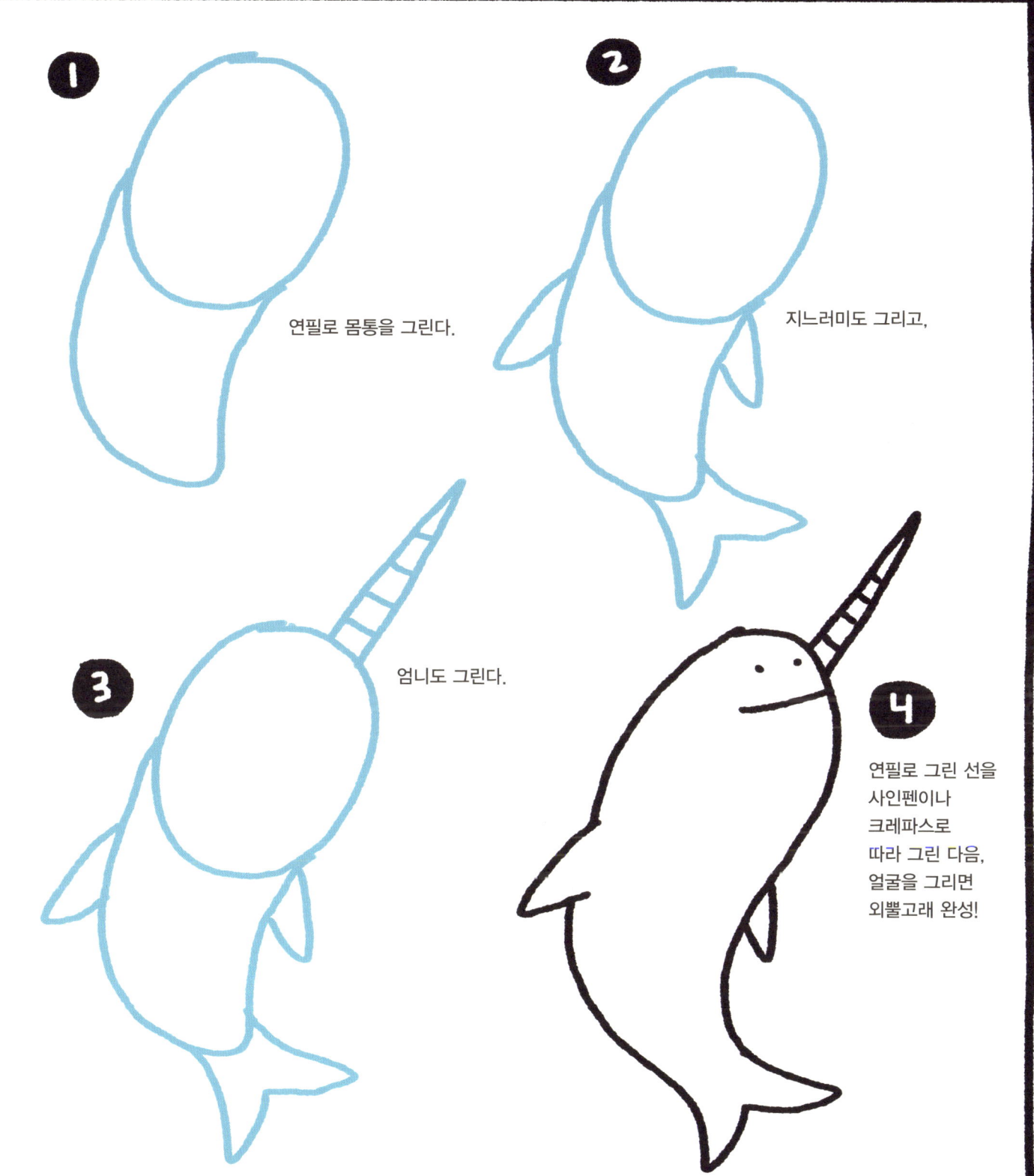

뱀상어

1. 연필로 몸통을 그린다.

2. 입과 지느러미를 그린다.

3. 눈과 아가미, 날카로운 이빨을 그리고, 사인펜이나 크레파스로 연필 선을 따라 그리면 뱀상어 완성!

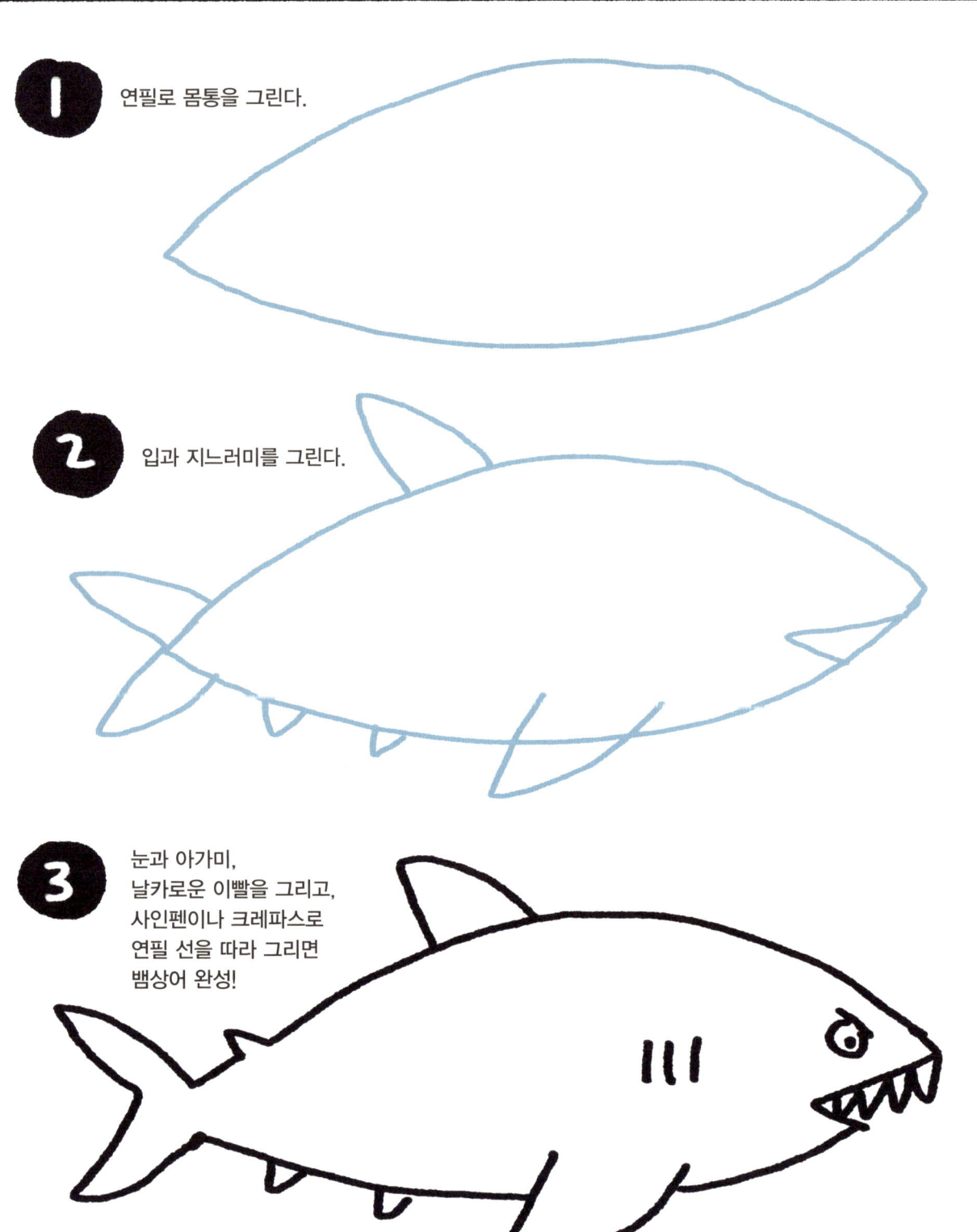

제7장

상어와 바다 동물 모아 보기

세계의 고래

향유고래
(12미터)

혹등고래
(13~16미터)

벨루가(흰돌고래)
(4.3미터)

바다 동물 유머 모음

찾아보기

가시비늘상어	33
갈조류	69
갈파래	69
개복치	95, 119
검목상어	60, 113
고깔해파리	89
고래상어	30, 38, 54~55, 100, 110~111
곰치	86
관벌레	78
귀상어	30, 42~43
그린란드상어	58~59
난쟁이랜턴상어	58, 60, 112
노랑가오리	87
노벌레	58
뇌산호	65
뉴기니강상어	31
대왕고래	90~91, 92~93, 95, 116~117
대왕문어	119
대왕오징어	75, 118~119
대왕쥐가오리	118
덤보문어	73
독사고기	20, 71
돌묵상어	48, 100, 110~111
두꺼비고기	81
두툼상어	41
듀공	14
딱총새우	95
레오파드상어	43, 115
마귀상어	49, 114~115
마리아나 꼼치	22
마타마타거북	96
말뚝망둥어	29
말미잘	65, 66, 67, 82
먹장어	29
메갈로돈	38~39, 48
모래뱀상어	115
물거미	96
미흑점상어	33
바다거북	65, 100
바다코끼리	15, 118
반디오징어	71
백상아리	38, 39, 40, 48, 50~51, 60, 76, 100, 105, 112~113
뱀상어	44, 108, 111
뱀장어	47, 65, 87
범고래	76, 117
벨루가	15, 76, 116
보닛헤드상어	30, 110
보모상어	52, 65, 110
복상어	42
복어	64, 83
부채산호	64
불가사리	64, 69, 88, 120
블롭피시	94
뿔괭이상어	46, 112
사슴뿔산호	64
사자갈기해파리	118~119
산갈치	70, 118~119
산호	66
산호초 바다뱀	64
삿징이상어	46
성게	60
스톤피시	80
심해 등각류	73
쏠배감펭	80
아나콘다	98
앵무고기	67
에데스투스	40
에인절피시	64
외뿔고래	15, 77, 107, 117
워베공수염상어	53, 112
인도네시아동갈치	82
장님새우	72
장수거북	21, 118
전자리상어	61, 115
제나칸투스	37
진두발	69
주름상어	47, 112
참고래	117
참치	20, 29, 60
청상아리	48, 100, 115
청새리상어	45
청자고둥	81
초롱아귀	20, 72, 121
켈프	61, 68~69
큰귀상어	114~115
큰입상어	112~113
키다리게	118
태평양전자리상어	61
톱상어	56~57, 114
파야라	97
포르투갈돔발상어	112
폼페이벌레	78
풍선장어	73
피그미상어	112
피라냐	97
항아리해면	66, 119
해마	65
해파리	20, 44, 56, 66, 70, 88~89, 105
향유고래	74, 92, 116
헬리코프리온	40
혹등고래	92, 116
홍조류	69
환도상어	49
황소상어	45
흡혈오징어	73
흰동가리	64, 67

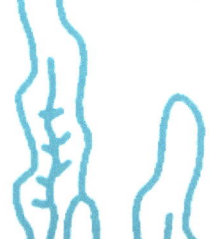

별별 상어와 동물들의 판타스틱 바다 생활
엄청나게 시끄럽고 믿을 수 없게 재미있는 바다 동물 도감

초판 제1쇄 인쇄일 2021년 8월 10일
초판 제1쇄 발행일 2021년 8월 25일

지은이 마이크 로워리
옮긴이 조은영
감수 김웅서

발행인 박헌용, 윤호권
발행처 ㈜시공사 **주소** 서울시 성동구 상원1길 22, 6-8층 (우편번호 04779)
대표전화 02-3486-6877 **팩스(주문)** 02-585-1247
홈페이지 www.sigongsa.com / www.sigongjunior.com

EVERYTHING AWESOME ABOUT SHARKS AND OTHER UNDERWATER CREATURES!
Copyright ⓒ 2020 by Mike Lowery
All rights reserved.
This Korean edition was published by Sigongsa Co., Ltd. in 2021 by arrangement with SCHOLASTIC INC., 557 Broadway, New York, NY 10012, USA through KCC(Korea Copyright Center Inc.), Seoul.

이 책은 ㈜한국저작권센터(KCC)를 통한 저작권자와의 독점계약으로 시공주니어에서 출간되었습니다.
저작권법에 의해 한국 내에서 보호를 받는 저작물이므로 무단전재와 복제를 금합니다.

ISBN 979-11-6579-654-9 73490

*시공사는 시공간을 넘는 무한한 콘텐츠 세상을 만듭니다.
*시공사는 더 나은 내일을 함께 만들 여러분의 소중한 의견을 기다립니다.
*잘못 만들어진 책은 구입하신 곳에서 바꾸어 드립니다.